U0924188

集美峥嵘记忆

★1949—1978★

中共厦门市集美区委办公室　编著

厦门大学出版社
XIAMEN UNIVERSITY PRESS
国家一级出版社
全国百佳图书出版单位

图书在版编目（CIP）数据

集美峥嵘记忆 ：1949—1978 / 中共厦门市集美区委办公室编著. -- 厦门 ：厦门大学出版社，2022.9
ISBN 978-7-5615-8697-6

Ⅰ. ①集… Ⅱ. ①中… Ⅲ. ①中国共产党－地方组织－党史－厦门－1949-1978 Ⅳ. ①D235.573

中国版本图书馆CIP数据核字(2022)第158889号

出 版 人 郑文礼
责任编辑 韩轲轲
美术编辑 张雨秋
技术编辑 朱 楷

出版发行 厦门大学出版社
社　　址 厦门市软件园二期望海路 39 号
邮政编码 361008
总　　机 0592-2181111 0592-2181406(传真)
营销中心 0592-2184458 0592-2181365
网　　址 http://www.xmupress.com
邮　　箱 xmup@xmupress.com
印　　刷 厦门集大印刷有限公司

开本 889 mm×1 194 mm 1/32
印张 6.125
字数 120 千字
版次 2022 年 9 月第 1 版
印次 2022 年 9 月第 1 次印刷
定价 68.00 元

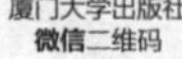

厦门大学出版社
微博二维码

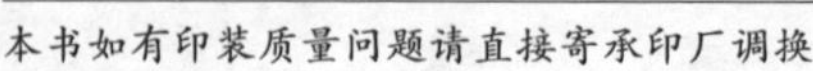

目　录

绪　论

集美区位于福建省厦门市西北部,东北与同安区接壤,南与厦门岛的湖里区隔海相望,西南与海沧区毗邻,西北与漳州市长泰县交界,土地面积275.79平方千米。

集美区域原属同安县,大体分为集美、杏林、灌口、后溪4个片区。

集美旧称浔尾,意为浔江尽头,浔尾包括渡头、上厅、二房角、后尾、塘墘、向西、清宅尾、郭厝、岑头、内头10个居民点,方圆不过数里,是一个濒海的小渔村。

唐朝末年,河南固始陈氏随军入闽,是为集美先民。相传明朝天启年间,陈文瑞进士及第,官居江苏吴县知县,他将自己家乡名称雅化为集美。宋元至民国时期,集美片区隶属同安县明盛乡仁德里十一都。

清朝末年,许多集美乡亲远离家乡,下南洋讨生活,其中最为著名的当属爱国华侨领袖陈嘉庚。1910—1920年代,陈嘉庚在家乡兴教办学,建造一批教学楼舍和科学馆、图书馆、医院等辅助设施,集美城区雏形显现。1950年,陈嘉庚从新加坡回集美定居,相继主持建成南侨楼群和南薰楼、道南楼群及龙舟池、游泳池、图书馆、体育馆等一批公共设施，同时改造旧渔村，拓宽道路，安装路灯，建造公厕，办自来水厂，集美城区粗具规模。

集美学村各幢校舍将岑头、郭厝、内头连成一片，包容在学村内，人们遂将学村旁边连为一体的各个村落统称为"集美大社"，以此与泛称的集美相区别。

1943 年 3 月，同安县集美乡设立，下辖石兜、下营、城内、后溪、东英、珩山、兑山、集美、凤安、洪霞、浒井 11 保，乡公所驻浒井。

1949 年 9 月 23 日集美解放，集美区域随同安县隶属华东军政委员会福建省第五行政督察专员公署，1950 年 7 月改隶泉州行政督察专员公署(后改为晋江专区)。

新中国成立初期，原集美乡拆分为多个乡。新的集美乡(今集美、孙厝、凤林)连同附近板桥乡(今叶厝、霞梧、浒井)、东英乡(今岩内、珩山)等地隶属同安县第二区，区公所原先在潘涂，后移驻后溪。1952 年 10 月，集美、板桥、兑英(兑山、英村)各乡改属同安县第三区。

1953 年 11 月 3 日，集美乡划入厦门市，改为集美镇，成为厦门市直辖镇。1955 年 12 月 14 日，原同安县第三区各乡归属集美镇，同时成立集美镇人民委员会。

在厦门岛，市区以外所有的农村地域，约占全岛面积 70%，被称为禾山区。1957 年 7 月 23 日，中共厦门市禾山区委撤销，设立中共厦门市郊区工作委员会。

1957 年 7 月 28 日，厦门市将原同安县第二区(灌口区)1 镇 11 乡(今后溪镇、灌口镇、东孚街道、杏林街道、杏滨街道)与集美镇及厦门岛内的禾山区合并,正式成立中共厦门市郊区工委(郊委)和郊区行政办事处(郊办)。原属灌口区的锦宅、金山两乡划归龙溪县管辖。1958年8月,原属海澄县的海沧、新垵两乡划入郊区,厦门郊区面积514平方千米。1958年9月起,集美成为郊委和郊办机关驻地,郊区就是集美区的前身。

1958年9月,中共厦门市郊区工委、厦门市人民委员会郊区行政办事处由厦门岛北部的高崎迁址集美镇,集美成为厦门郊区党政机关所在地,城区建设速度加快。至1960年代,岑东路、岑西路、岑头街、集岑路、嘉庚路、鳌园路、大社路形成,俗称集美老街,成为集美繁华的商业中心。

杏林区域旧时由若干个亦农亦渔的村落组成。相传明朝永乐初年周氏先人移居于此,栽种河南家乡的杏树,但因南方气候、土壤的差异,所栽杏树难以成长结果。但周氏先人初心不改,眷恋至深,仍以杏树成林为夙愿,故取地名为“杏林”,以示怀念。

宋元至民国时期,杏林区域隶属同安县明盛乡安仁里。清朝末年至民国,曾营、杏林、高浦、西亭属十四都,前场属十五都,窑山、锦园、市头、马銮、西滨、蔡林属十六都。

1939年,十四都设白鹤乡,十五都和十六都设前场乡。1942年,白鹤乡与前场乡合并为鹤场乡,下辖吴坂尾(高浦、曾营)、同林(西亭)、凤尾山(锦园)、枫山岭(锦园)、西陈后浦(西亭)、东岑(杏林)、蔡林、连厝(前场)、市头(前场)、西边(西滨)、窑仔(前场)、仓头12保,乡公所驻前场,时属同安县灌口区。辖境与今杏林街道、杏滨街道相当。

新中国成立初期,现杏林片区的杏林、登瀛(今曾营)、高浦、西亭、锦园、前场、马銮、西滨等地隶属同安县第二区,1952年10月,第二区区公所移驻灌口,亦称灌口区。

1957年3月,杏林区域划归厦门市郊区。1958年10月成立杏林公社,1964年4月增设杏林镇,均由厦门郊区管辖。

1958年初,杏林被确定为厦门工业区,以曾营为中心,规划面积16.5平方千米,开始第一波城区建设高潮。至1966年,陆续建成杏东、杏西、碑头、杏北4条道路,杏林成为厦门岛外一个工业重镇。1971年和1978年,曾营海堤和高浦海堤先后建成,围海造地,城区向外扩充,逐渐将杏林、曾营、高浦、内林、西滨、前场、锦园、西亭数村连成一片,形成十字形城市格局,城区面积扩至26.7平方千米。

1978年9月1日,面积65平方千米的杏林镇和杏林公社从厦门郊区划出,正式成立杏林区,杏林区委和区政府正式挂牌办公,辖杏林、东孚、海沧3镇及杏林街道办事处。曾营成为杏林区委、区政府机关所在地。1979年4月,杏林镇改设杏东街道和杏西街道;1984年10

月,杏东街道、杏西街道合并为杏林街道。

2003 年 4 月 26 日,杏林街道和杏林镇划归集美区管辖。在原杏林区所辖的海沧镇和东孚镇成立海沧区,现海沧区下辖海沧街道、新阳街道、嵩屿街道、东孚街道。

2004 年 11 月,杏林镇撤镇改设杏滨街道。

灌口区域开发于唐代中期,是厦门最早的农业生产区域之一,北宋时出现众多村落。南宋初年,在理学大师朱熹主持下,兴建卡仔塘水利工程。元朝时,朝廷在灌口西部设置深青驿站。明清时期形成了灌口街、庵仔后、前埕街、寨仔边、打棉街、崩坪墘、草仔市、七甲、外武庙、马路尾、海仔市等集市,成为"烟火千家,颇为富庶"的集镇,有"八闽重镇"之称。相传明朝崇祯年间,来自四川灌县的驿丞将自己家乡的都江堰二郎神信仰传入此地,后经当地人衍化为"大使公"信俗,该地亦仿效灌县灌口镇,命名为灌口。

1661 年,清朝为了阻隔沿海居民与控扼厦门岛的郑成功反清武装的经济联系,强令集美、杏林的沿海居民内迁 20 里,灌口一带人口剧增,史称"辛丑迁界"。同年,朝廷在顶许村设置灌口巡检司。

宋元至民国时期,灌口区域隶属同安县明盛乡安仁里,灌口街和双岭、东辉、李林、顶许、田头、上塘、坑内、深青、黄庄等村落为十五都,上头亭、井城、陈井、浦林、铁山、三社等村落为十六都。

1943 年,同安县灌口镇设立,下辖灌口街、蔡亭(三社)、东山后浦(顶许)、杜埭(坑内)、黄珩(黄庄)、李宅孚(李林)、排前磜洋(上塘)、浦边、乌口林(浦林)、乌石埔(贞岱、凤山)、小岭(双岭)、张窑林傍坑(浦林)12 保,镇公所驻灌口街。

新中国成立初期,灌口片区的陈井、上塘、浦林等村隶属同安县一区,区公所设在后祥(即后柯、祥露,今属海沧区东孚街道)。灌口街区和三社、李林等村隶属同安县二区。1952 年 10 月,第二区区公所从后溪移驻灌口街区,辖灌口、三社、李林、双岭以及从一区改隶过来的陈井、上塘、浦林等村。现属杏滨街道的西滨、锦园、前场、西亭,还有现属杏林街道的高浦、登瀛(曾营)均由同安县二区管辖。二区因驻地在灌口,故称灌口区。

1957 年 3 月 30 日,同安县第二区(灌口区)的 12 个乡镇划属厦门市。

苎溪是厦门第二大河流,自唐朝中期起,沿岸村落分布。相传唐朝大中年间(847—859 年),朝廷组织当地乡民拦截苎溪流水,筑建陈婆陂,浇灌农地十余里,并将苎溪下游海滩逐渐淤成一片沃土。北宋时,苎溪流域人口密集,物阜民丰,建于北宋大观年间的苎溪桥系同安连接漳州至泉州的古驿道上重要桥梁。苎溪自苎溪桥下继续朝东南方奔流 4 里许,即与西溪汇合成后溪,最后流入杏林湾海域,此处聚居点便以后溪命名。

明朝嘉靖年间(1522—1566 年),后溪上游筑有防洪灌溉的朱埭,但屡修屡塌。天启年间(1621—1627 年),

光禄寺少卿蔡献臣致仕回乡,集资在堤旁修筑一道长达6600余米的海丰埭,新造农田280亩,且连年丰稔。明清时期,后溪码头船舶密集,沿岸商贸发达。

“辛丑迁界”使得后溪人口剧增,霞城城隍庙始建于这一时期。1679年后,清政府下令复界,部分聚居后溪的百姓陆续回迁集美沿海一带。

宋元至民国时期,后溪区域隶属同安县明盛乡仁德里。清朝末年至民国时期,今后溪、溪西、前进、新村及第二农场、坂头林场属十二都,珩山、东埔、岙上及天马华侨农场属十三都,英村属十一都。

新中国成立初期,现在的后溪片区大部,包括城内、石兜、珩山、浒井、兑山等地均隶属同安县二区。其余区域与集美片区,加上潘涂、官浔一带(今属同安区西柯镇)隶属同安县三区,区公所设在叶厝。1952年10月,后溪乡成立。1957年4月,后溪乡随同安县二区和同安县三区划属厦门市管辖。

1984年10月,厦门郊区各人民公社分别改为集美镇、灌口乡、后溪乡、东孚乡、海沧镇、禾山乡等,各生产大队改为行政村,设置村民委员会。1991年8月,灌口乡和后溪乡一起改制为镇。

1987年7月6日,禾山乡划归新成立的湖里区。同年11月17日,厦门郊区正式易名集美区,下辖集美镇、灌口镇、后溪镇、海沧镇、东孚镇。1995年10月,海沧镇、东孚镇划入杏林区。2001年3月,集美撤镇改设街道。2001 年 5 月,集美街道和后溪镇分别析出部分社区成立侨英街道。目前,集美区下设集美、侨英、杏林、杏滨 4 个街道和灌口、后溪 2 个镇,至 2021 年年底,集美区常住人口 107.8 万人,居全市 6 个区之首。

集美原为传统的农业区,沿海地区耕渔兼作。农作物以水稻、甘薯、小麦、大豆、花生、甘蔗为主,饲养业以猪、鸡、鸭、鹅为大宗,水产业以养殖牡蛎为主,兼事近海捕捞。

新中国成立前,集美区的农业生产水平低下,农村长期处在以传统农业为主的自然经济状态。新中国成立后,经过土地改革、农业合作化运动和历年农田水利建设,生产条件改善,农作物产量提高。“人民公社化”时期,受到生产关系的制约,农业生产发展缓慢。至 1978 年,粮食作物总产 73540.5 吨,单产 248.5 公斤,农民人均年纯收入仅 102 元。

集美区工业的起步可追溯至晚清。杏林马銮村人杜四端年少时赴香港习商,通过艰辛打拼,累积资产,自创“杜端记行”,经营进出口贸易。其以精通经济讯息和信誉卓著闻名,生意蒸蒸日上,渐成巨富。1893 年,杜四端约同本村的杜来瑶等人,筹资在家乡马銮村倡办銮裕纱厂,织造背巾和包被,这也是厦门第一家纺纱厂。銮裕纱厂的产品主要通过厦门运销东南亚和香港市场,推动了马銮纺织业的发展,民国初年马銮村成为闻名遐迩的纺织村。

1958年是集美区现代工业兴起的开局之年,厦门市人民政府将杏林划为工业区,先后兴建综合玻璃厂、纺织厂、糖厂、化学纤维厂、第二化工厂、化肥厂、碳酸钙厂、冶炼厂、自来水厂、火电厂等一批市属国营工业企业。1978年,杏林区工业总产值7000余万元,占厦门市工业总产值近1/4。这批大中型企业为后来集美工业的发展奠定了基础。

集美区是厦门岛通往内陆的重要通道。早在宋元时期,集美的陆上交通就有大岭古道、越尾山古道、东集古道和漳泉古道与外界相连;自明朝初年开始,集美水路有马銮航道和高崎支航道与厦漳泉沿海各港口相通。1922年,现为省道205线一段的同集公路建成通车,成为集美区的第一条公路。新中国成立后,先后兴建了国道319线、324线和沈海高速公路,均贯穿区境,与集美大道、海翔大道交错,形成集美区公路骨干网架。

1955年10月15日,我国首座跨海长堤——集美至高崎海堤竣工通车,结束了集美至厦门岛仅靠船渡的历史。随后又完成了集杏海堤和马銮海堤,这3条海堤总长6687米。1957年1月,穿越集美区境的鹰厦铁路正式通车。鹰厦铁路在集美境内西起灌口、东至集美学村,全长12千米,集美开始纳入全国的铁路网。

集美区是福建省重点侨乡。此地先人移居海外的历史,最早可追溯到元末明初。由于地处海滨,耕地少,土质差,历来“近山者率种番薯,近海者耕而兼渔”,所产不足以自食,多赖外供,所以集美人“过番”出洋多因衣食所迫。

明朝嘉靖年间(1522—1566 年),倭寇屡次窜犯集美沿海,焚烧掳掠,致使田园荒芜,人民流离失所。清朝康熙初年实行海禁政策,禁止片板入海,强迫沿海居民内迁,庐舍夷为平地,沿海田地抛荒,人民居无屋,种无田,无所依归。少地缺粮,兵荒马乱,迫使大批集美百姓离乡背井,乘小舟,涉波涛,远赴东南亚各地谋生。

集美侨胞凭着刻苦耐劳的精神,前赴后继的勇气,披荆斩棘,艰苦奋斗,涌现了众多出类拔萃的人物。其中陈嘉庚、陈文确、陈六使、陈永和、陈永进、李典谟、孙炳炎、陈水成等华侨精英,在新中国成立后,热心投入集美区的经济建设和社会发展。尤其是陈嘉庚聚集美全体同胞之力,依靠海内外集美众多乡亲的力量,推动集美教育及各项事业的发展,为集美的进步和繁荣做出了无与伦比的贡献。

第　一　章
除旧布新改天换地
全面迈向社会主义

第　一　节
集美人民迎接解放　拥军支前重建家园

1949年8月17日，福建省会福州解放。解放军第三野战军第十兵团乘胜追击，先后解放了莆田、仙游、惠安、泉州、永春、晋江、南安等地。

8月下旬，解放军31军的先遣部队进驻灌口镇大岭村，与当地中共地下党组织建立了密切联系。中共闽西南工委领导下的灌口团总支成立了闽西南工作队，分别在灌口和角美设立粮草供应站，发动社会各界积极为解放军筹集物资。

在漳厦战役打响之前，上塘村农民陈飞挺、林仁心等人前往大岭与解放军取得联系。9月14日，解放军战士踏进灌口老街，接管邮电局电话总机，张贴《中国人民解放军布告》，正式宣告集美西部重镇灌口解放。

9月19日，解放军第十兵团发起漳厦战役第一阶段的战斗，以31军91师、92师、93师为右翼，由南安、安溪分两路向漳州攻击前进；以29军85师为左翼，由泉州以南向澳头、刘五店、集美方向攻击前进。两部协同作战，首先解放了漳州及周围地区。

9 月 19 日凌晨 2 时，解放军 93 师 277 团、278 团和 91 师 271 团向同安县城发起攻击。上午 9 时，同安战斗结束，共歼灭同安守敌与前来支援的保安团约 2000 余人。与此同时，解放军 93 师 279 团沿着同安至漳州公路急行军，顺势解放了集美北部的兑山、后溪等地，直插角美镇，追歼向西溃逃的国民党军 1000 余人，解放这个邻近集美的重要集镇。

19 日晚，解放军 31 军 91 师进至灌口、角美后，奉命部署向海沧的嵩屿进攻。

20 日上午，解放军 29 军 85 师 253 团攻占澳头，次日凌晨从同安沿公路向集美进击。21 日，解放集美的战斗打响。至 22 日拂晓，85 师先后占领了美人山、天马山、英埭头、孙厝等地，把国民党军队压缩在集美学村内。

驻守集美的国民党军队一个团妄图凭借他们修筑的坚固的碉堡群，以及学村内的建筑群，构成支撑点式的防御体系，进行负隅顽抗。

22 日上午，85 师接到上级命令：根据中央军委副主席周恩来的指示，集美学校系爱国华侨领袖陈嘉庚所创办，我军在解放集美时，要尽力妥善保护，严防破坏，宁可多流血，也要避免使用火炮。第十兵团司令员叶飞也要求部队不要急躁，要采取政治攻势。

253 团接到师部命令后，全体指战员放弃炮击，全凭步枪和血肉之躯，一步步艰难地攻击前进。在军事打击和政治攻势双重进攻下，残余的敌人招架不住，于 23 日拂晓逃往厦门岛。当日下午3时,253团占领集美,主要校舍完好无损,完成了中央军委交给的任务。

在解放集美的战斗中,253团为了保护学校建筑,既没有使用火炮,也没有使用炸药包、手榴弹等,为此付出了惨重的代价,全团81人牺牲,近200人受伤,集美的村民和师生无一伤亡。

集美回到了人民的怀抱!这一天傍晚,解放军战士分作几路整队跑步进入集美学村,广大乡亲和师生自发地热烈欢迎。许多师生踊跃报名参加支前工作,给解放军指战员担任闽南语翻译。战士们进入学村后高唱《三大纪律八项注意》,歌声响彻集美上空。入夜,有些解放军住在祠堂或露宿街道,有些解放军借宿民宅,没有一位战士私闯校舍,展现了人民子弟兵铁的信念、铁的意志、铁的作风、铁的担当和铁的纪律。

解放大军的南下干部与闽浙赣(闽中)和闽粤赣(闽西南)两个系统的党组织终于在集美学村胜利会师,随之联合整顿秩序和接管旧政权的地方机构,宣布取缔旧政权的反动组织,勒令国民党集美区党部和灌口区党部立即停止活动。

集美解放当天,253团政治处主任张茂勋找到了集美学校校董会董事长陈村牧,向他传达了周恩来给解放军部队的命令和253团执行命令情况,并奉命保护集美学校的校产、图书、仪器等。团部组织一批干部战士帮助集美学校再次转移重要设备,连夜疏散了60多名教职工及其眷属前往天马山麓的集美农林学校的农场和同安等地，以防从厦门高崎方向来的国民党飞机的轰炸或国民党军队的炮击。

解放军为了保护集美学校付出重大的牺牲，子弟兵爱护人民财产、维护人民利益的表现，让集美人民深为感动，乡亲们很快地与人民解放军结下深厚感情。集美群众与战士们一起将为集美解放牺牲的 81 名烈士分别安葬在英埭头、东安、叶厝等地。

集美解放刚刚一个星期，10 月 1 日，中华人民共和国成立大典在北京天安门隆重举行。毛泽东主席庄严宣布："中华人民共和国中央人民政府今天成立了！"五星红旗在天安门广场冉冉升起。新中国的诞生，进一步激励了第十兵团指战员的斗志，各部队抓紧征集船只、搜集敌情和渡海作战训练，争取早日把五星红旗插上厦门岛。

集美学村的师生和周边的老百姓听到开国大典的喜讯，人人欢呼雀跃，积极响应集美党组织发出的拥军支前号召，让人民解放军一鼓作气解放厦门岛。

集美解放前夕，中共(闽中)工委安排中共泉州中心县委的梁明富、叶绍书、李永裕等同志转移到集美一带坚持斗争。集美解放后，他们联合中共集美学校工委的陈顺言、陈朱明、王水泊、陈毅中、陈少斌等同志遵照同安县支前指挥部的指示，到各个村庄开展政治动员，在集美各乡各村广泛征集民工、民船，为解放厦门岛做好充分准备。

为了渡海解放厦门岛,29 军在集美,31 军在新垵分别组织动员船工、民船的报名支前工作。中共灌口区工委和中共集美学校工委分别发出通知,要求共产党员、新青团员立即行动起来,做好马銮湾沿海各村庄的渔民船工的思想政治工作,全力支援解放军渡海解放厦门岛和鼓浪屿。翻身得解放的集美人民积极响应党的号召,纷纷拿出自家的柴草和粮食,青壮年群众踊跃报名参加支前船工。短短几天,迅速征集了 60 多条木舟和帆船,为解放军渡海作战服务,组织了百余人的船工支前队伍,同时筹集到数万斤粮食等支前物资。集美群众还制作了大量简便的救生漂浮器材供战士们使用。后溪、灌口等乡村群众挑灯夜战,各家各户踊跃砻谷舂米,运送军粮,支前景象异常壮观。

此时,在厦门岛负隅顽抗的国民党军队不甘心失败,他们以集美学校为主要目标,多次出动飞机轰炸和远程大炮轰击,集美初中、高中、水产、商校等许多校舍和膳厅、校董住宅等建筑都受到严重破坏。

10 月上旬,解放军 29 军 85 师 253 团进驻集美休整,团部张贴布告,重申对集美学校的保护。

10 月 15 日下午,中共中央、中央军委下达渡海解放厦门的作战命令。漳厦战役第二阶段,即解放厦门岛的战役正式打响。解放军 31 军 91 师 271 团首先向鼓浪屿国民党守军发起炮火攻击,敌人迅速调兵增援鼓浪屿。15 日晚,解放军 31 军 92 师在厦门岛西北的寨上、殿前一带登陆；解放军29军85师、86师在厦门岛东北钟宅一带登陆。当载有解放军战士的船队逼近国民党守敌的阵地时，暴露于守敌的探照灯和照明弹下，顿时枪声大作，敌军所有的重型武器纷纷向解放军和船工射击。部队首长命令强行登陆，船工、水手和随军支前的革命群众与子弟兵一道，不顾枪林弹雨、奋力击水划桨，战士们弓起身子，用手、用枪托齐力划水，船队加速向敌营滩头冲杀。

在解放厦门的战役中，杏林、集美等地的船工表现出非凡的勇敢和高度的觉悟，他们与战士们一样奋勇向前，付出鲜血和汗水。马銮村船工杜宗德带头报名支前献船，在战斗中临危不惧，不幸遭敌机俯冲扫射，身中三枪，但他不下火线，顽强地掌好船舵，继续前进，直到牺牲时还紧握着船舵，双眼盯着前方。杏林村船工周永为冒着敌兵的炮火，载运解放军战士强攻滩头阵地，在战斗中壮烈牺牲。

当晚21时许，29军85师255团胜利将新中国的五星红旗插上厦门岛殿前的神山山顶。16日清晨，登上厦门岛的各个突击部队乘胜追击。至17日下午，厦门岛上国民党军队全部肃清。这座海防城市终于回到了人民的怀抱。

战役结束后，中央人民政府民政部向杜宗德、周永为等人的家属颁发了“革命烈士光荣证明书”和抚恤金。马銮村老船工杜万德、杜树根父子俩因四次满载解放军战士强攻寨上的滩头阵地，不仅荣立一等功，而且被31军军部和政治部授予“水上英雄”称号，同时被92师师部、政治部授予“攻厦先锋”锦旗。西滨村的陈水正、陈海洪兄弟俩荣立一等功；高慷慨、杜元福、郑士等、杜其福、杜老郎等多名杏林等村的船工荣立一等功。船工杜恷运送解放军抵达前线，在返回途中被敌机扫射负伤，也荣立一等功。还有不少来自集美、杏林的船工荣立二等功。

岑尾村船工王振卿、王友才驾驶载重10多吨的船，穿梭不停地从马銮湾运送部队参与登陆作战，最后他俩荣立一等功。杏林船工杜天应、杜招有、杜招昌叔侄三人共同驾驶载重10吨的大型帆船，在解放厦门的战役中，满载部队和辎重往返10多趟，胜利完成了任务，并荣获解放军92师部、政治部授予的一面“攻厦先锋”锦旗，杜招有还荣立一等功。厦门岛解放后，他们又将船舶驶到大嶝岛，献给部队作解放金门之用。

厦门岛解放后不久，驻守集美的85师253团指战员经过短暂休整，立刻在10月25日投入解放金门的战斗。部队出发之前，集美人民准备了充足的民船和粮食，他们握着子弟兵的手久久不放，衷心希望子弟兵凯旋。

253团与其他兄弟部队作为第一梯队首先登上金门岛。登陆成功后，碰巧遇上退潮，大量船只搁浅在滩涂上，无法返回大陆再接送第二梯队的战士登岛参战。加上国民党精锐部队迅速增兵，敌军焚毁了搁浅在滩涂上的我方民船。253团和其他兄弟部队的指战员只能与强敌浴血鏖战，结果伤亡惨重。原定待命的第二梯队因为缺乏民船无法渡海，只能怒吼着远远地隔海观战，解放金门的战役就这样悲壮失利了。

253 团团长徐博率领余部坚持了一个多月的敌后游击战，终因弹尽粮绝、身负重伤被俘，不久英勇牺牲。253 团政委陈利华被俘后身份没有暴露，潜伏在敌军内部，他通过香港与内地方面取得联系，秘密提供一些有价值的情报。直到 1981 年，他的真实身份才暴露，最后在台湾英勇就义。

253 团政治处主任张茂勋是金门战役登陆作战的第二梯队成员，因为当晚无船登岛而得以幸存。金门战役失利后，张茂勋担任重新组建的 253 团团政委。1953 年 7 月，张茂勋率部在东山岛痛歼来犯的国民党军队，之后历任东海舰队航空兵政治部主任、海军广州基地副政委。

253 团的子弟兵喋血金门，壮志未酬的消息传来，集美人民忍泪含悲，决心重振家园，用实际行动安慰烈士们的在天之灵。驻守集美的解放军战士积极协助集美学校做好秋季开学的准备工作。11 月 3 日，集美学校正式复学上课。

退踞台湾岛、金门岛的蒋介石集团不甘心在大陆的失败，肆意破坏集美的重建工作。11 月 11 日下午 2 时，国民党的轰炸机从金门起飞，共 8 架次轮番轰炸集美学村，投下炸弹、凝固汽油弹、杀伤弹等各类炸弹 32 枚。其中 9 枚炸弹炸在学校范围内，高中校长黄宗翔等 8 人罹难;居仁楼被炸毁,尚勇楼、即温楼等被毁一部分。集美大社中弹23枚,21名村民不幸遇难。场面血肉横飞,尸横遍野,惨不忍睹。民房全部倒塌者19座,大部分倒塌者21座。屋瓦全部粉碎者29座,毁损较轻者55座,几占全社之半。这是集美空前大浩劫,史称“双十一惨案”。

为此,集美各校紧急迁往后溪镇的下店、珩山一带农村,借用庙宇和小学校舍复课。正在武汉视察的中央人民政府委员陈嘉庚通电谴责蒋介石集团的野蛮暴行。

11月20日,厦门市军事管制委员会专函解放军第十兵团:“为避免国民党军队飞机发现目标,保障员工学生安全计,请转饬各部队暂勿进驻下店、珩山,使该校按期复课。”25日,厦门市军管会派人到集美学校,亲切慰问师生员工。

“双十一惨案”发生后,解放军立即在集美周边地区部署了防空部队,震慑了敌机,迫其不敢再犯,集美学村才得以安宁。1950年5月,集美各校重新迁回集美学村。

第二节

土地改革解放生产力　剿匪反霸巩固新政权

废除封建剥削的土地所有制，是中国新民主主义革命的历史任务和基本纲领之一。新中国成立之初，我国还有 2/3 面积的土地没有进行土地改革，封建剥削的土地所有制仍然束缚着生产力的发展。

1949 年 9 月 29 日，中国人民政治协商会议通过的《共同纲领》规定：凡尚未实行土地改革的地区，必须发动农民群众，建立农民团体，经过清除土匪恶霸、减租减息和分配土地等步骤，实现耕者有其田。

1950 年 6 月 30 日，中央人民政府正式颁布《中华人民共和国土地改革法》，成为全国新解放区开展土地改革运动的法律依据。党和政府明确规定了土地改革的总路线和总政策：依靠贫农、雇农，团结中农，中立富农，有步骤有分别地消灭封建剥削制度，发展农业生产。

全国开展土地改革运动的时候，尚无集美区的建制，今天灌口镇的陈井、上塘、浦林等村隶属同安县一区，灌口街区和三社、李林等村以及后溪一带隶属同安县二区，同安一区和二区共 35 个乡。同安县首批土改运动就在今天集美区域内的一区和二区进行。同安县委在当年秋天组织540人的土改工作队,由县直机关、各区以及部分乡干部、31军教导队和文工团指战员组成。

1950年12月,全体工作队成员在现属杏滨街道的锦园乡集中,进行为期10天的训练。1951年1月22日,在同安县土地改革委员会指导下,工作队分片包干复查,分别进驻35个乡开展土地改革运动。县土改大队就在锦园办公。运动开展初始,同安县人民政府吸收人民代表、民主人士参加,联合组成的县人民法庭也在锦园办公,随时审理案件。

按照国家政策,土地改革必须没收地主的土地、耕畜、农具、粮食、房屋等五大财产,征收富农多余的生产资料,分给无地和少地的贫雇农,中农的家庭财产包括土地不受侵犯,将沿袭两千多年的封建半封建的土地所有制转变为农民的土地所有制,实现"耕者有其田",以解放生产力,为新中国的社会主义改造和社会主义经济建设奠定基础。

经过清理核算,集美区域的沿海村庄人均土地接近2亩,山脚下的村庄人均土地接近3亩。处于平均数这一档次的农户即可定为中农。低于平均数的农户,视其情况分别定为下中农、贫农直至雇农;人均3.5亩以上划定富裕中农,人均4.5亩以上,视其情况也可划定为富农。集美乡工商业和文教业较为发达,人均耕地不足1亩,因此土改工作队员将滩涂上的牡蛎养殖区也统计进去。

在同安一区浦林乡，工作队首次召开各界人士座谈会，与会者第一句话也是问“什么时候分田”。但大家对于为什么要土改，靠谁来土改却认识不清，对土改是既欢迎又有顾虑。在同安二区三社乡，土改队员询问一位雇农：“你敢向地主要田吗？”这位雇农回答说：“政府给我，我就敢要，叫我去向地主要田可不行。”

针对群众的思想动态，土改工作队采取多种形式大力宣传土改政策，深入细致地发动群众。通过张贴标语、出黑板报、播放广播等方法，反复宣传土改的意义和方针政策。工作队员深入田间地头、农家场院访贫问苦，掌握农民的思想动态，有的放矢地宣传党的政策，向群众做深入细致的思想发动工作。工作队还举办学习班、训练班，召开各种类型座谈会，讲解《土地改革法》和《关于划分农村阶级成份的决定》等文件。通过诉苦会，揭露、控诉地主恶霸剥削、压迫农民的罪行。经过反复宣传发动，提高了广大农民的思想觉悟。

在浦林乡的工作队员深入农家，做农村妇女的思想工作，反复宣传共产党“尊重妇女，男女平等”的政策。要求她们勇敢地站起来，争取自身解放，积极参加社会活动，提高社会地位，享受男女平等权利。通过宣传发动，全乡有145名妇女报名参加妇女小组，积极投入土地改革运动行列。

工作队员以贫雇农为骨干，团结农村中绝大多数人，整顿乡政权、农会和民兵队伍，建立基层新民主主义青年团和妇女小组等组织,形成一股强大力量,有力地推动了土改运动向广度深度发展。

同安县一区和二区的区党委和区公所紧密结合剿匪反霸斗争和镇压反革命运动,保证了土改运动的顺利进行,锻炼和提高了广大农民的阶级觉悟。根据群众的要求,组织召开各种规模的斗争会200多个场次,斗争了不法地主、恶霸和其他坏分子350多人。对一些罪大恶极,不杀不足以平民愤的恶霸,移送到人民法庭判决执行。

土地改革期间,同安的匪患十分猖獗,这些匪徒接受盘踞在台湾的国民党当局指令,他们疯狂地烧杀抢掠,严重威胁人民政权的巩固和人民群众的生命安全。这时的土匪已经不仅仅是经济上的抢劫,而是发展为政治性的反革命对抗。

同安县委、县政府坚决执行省委关于"以剿匪为压倒一切中心任务"的指示精神,于1950年与同安驻军共同组建同安县剿匪指挥部,认真贯彻"军事清剿、政治瓦解和发动群众相结合"的方针,集中力量组织部队、公安战士和干部群众搜山围捕;各乡同时召开干部会、群众会、知情者和匪属座谈会,宣传"首恶必办,胁从不问,立功受奖"的政策,加强政治宣传和政策攻心,并通过广播、墙报、标语、布告等形式,在全县范围内大力宣传党的剿匪和治理匪患的方针政策,军事清剿与政策攻心并举,有效地围剿和分化土匪队伍。

1950年春,同安县在灌口镇公审处决了血债累累的国民党水上纵队分队长陈曹。10 月初，同安县公安局配合剿匪部队在灌口搜山围捕，击毙大匪首“反共救国军”白云纵队大队长黄凤鸣。11 月，同安二区的干部配合剿匪部队兵分五路，围剿石兜、黄地、许庄、江都墟、宫仔兜的匪窝，对柯宝珍、刘水桶等匪帮给予重创，柯、刘两个匪首负伤后逃匿。

从 1950 年 12 月到 1951 年 2 月，同安一区和二区贯彻县委指示，实行“以分散对分散，集中对集中，对小股分散的土匪即以班排为单位出击清剿，对大股土匪即集中兵力合围清剿”的战略，地方民兵配合解放军组织了两次大搜捕，然后又分散进行多次围剿搜捕，大批土匪落入法网或投降自新，负隅顽抗的土匪当场被击毙。

1951 年 2 月，经过中共集美地下党员王天赐进行思想工作，匪首刘水桶在人民政府政策的感召下，带领残余土匪从石兜山区下山，向剿匪部队投诚自新。此后，刘水桶协助人民政府对盘踞在角美山区的叶炳元等五股匪徒劝降，迫使他们全部下山接受政府的改造。

1951 年 4 月，国民党同安县参议员、“反共救国军”漳厦纵队司令柯宝珍被剿匪大队团团包围，柯匪顽固不化，拒绝投降，被解放军当场炸毙。

至 1951 年年底，包括现集美区域的同安全境的匪患基本肃清，广大人民群众无不拍手称快。剿匪反霸斗争的胜利，不仅巩固了新生的人民政权，而且推动土地改革运动的胜利完成。

土地改革运动经过前期宣传动员之后,很快就进入划分阶级成分的阶段,工作队召开各种类型会议,详细讲解划分阶级成分的标准,反复组织群众学习党中央有关阶级成分的政策。工作队号召农民团结一致,同地主展开面对面的说理斗争。

灌口区浦林乡地主林文彬占地48亩,当公布他的剥削行为时,他狡辩说:“我眼睛未瞎,有参加劳动,不能评为地主。”农会代表予以反驳:“你并非劳动,偶尔下地,最多只能算辅助劳动,你任保长、雇长工,土地大部分出租,靠压迫剥削农民享清福,不是地主那算什么。”在事实面前,林文彬不得不低头认罪。

在提高群众政策水平的基础上,土改工作队采用自报公议、民主评定、三榜定案的做法。先以保为单位划分地主、富农,再以村为单位划分贫雇农和中农。由农会通知大家先自报财产和自划成分,经农会核实补充,召开群众大会,发动大家对第一榜进行公开评议、修正,通过后发出第二榜;召开群众大会再议。通过后送交土改中队审查批准,公布第三榜。三榜定案后,农村的阶级成分就算划分完毕。

据统计,同安一区和二区共划出地主成分496户,占总户数的2.56%。成分划定之后,工作队就召开对地主的训话会,进行遵纪守法教育,责令他们服从管教,积极参加劳动,把自己改造成为自食其力的劳动者。

集美乡一些比较富裕的侨眷被划分为华侨工商业

者，由于他们在历史上大多跟随陈嘉庚先生，在民主革命时期多有贡献，所以这些华侨工商业者视同中农成分，属于团结对象。

紧接着，各乡成立由工作队、农会和民兵、青年团、妇女小组等组织的代表参加的“征收、没收委员会”。委员会根据有关政策，确定应征收、没收财产的对象、数量，进行登记造册。按照“贫雇农多分、中农少分、富裕中农不分”的原则，制订分配方案。首先分配土地，然后分配房屋等财产。在分配土地时，以自然村为单位进行，注意土地优劣、离村远近相搭配，并照顾原耕者的利益，对单身汉或两人户的贫农给予适当照顾。

分配土地任务完成后，就对耕畜、农具、粮食、房屋等其他财产进行分配。先由征收、没收委员会对应征、没收的财产，用三联单据进行登记，其中一单交给被征、没收的对象保管，责令地主不得损坏、转移财产。而后根据分配原则制订分配方案，所分配的财产要落实到具体人员，并公之于众。在没有大的原则出入的时候，劳苦群众就可以在农会和工作队的主持下，到地主富豪家里领取应得的物品。过后再组织抽查，看看物品是否到位。

集美区境的同安县一区和二区的土地改革运动历时52天，至1951年3月14日胜利完成任务。农民户均分得耕地9.4亩，人均2.34亩，彻底铲除封建剥削制度，实现了“耕者有其田”，解放了农村生产力。经过土地改革，广大农民得到了土地和其他生产资料，极大地推动了农业发展,推动了市场繁荣,改善了农民生活。

随着土地改革的顺利完成,同安县委、县政府指示各区公所落实国家林业政策,彻底解决乡与乡、村与村、宗族与宗族之间长期存在的山林、水域的权属争议。经过充分协商,各乡之间、各村之间,以及不同宗族之间本着互谅互利的原则,很快达成协议,基本解决了历史遗留的山林和水域的权属争议。

土改运动促进了剿匪反霸、镇压反革命和抗美援朝运动的开展。通过土改运动,政府更加广泛、深入地发动群众,促进了剿匪反霸斗争的胜利,同时有力地支持了抗美援朝。集美出现了不少父母送儿子,妻子送丈夫、兄弟争相参军保家卫国的感人景象。其中后溪镇崎沟村青年王银练于 1950 年 10 月参加志愿军,一个多月后参加了艰苦卓绝的长津湖战役,并荣立三等功。他后来从朝鲜归国,回到家乡担任过民兵营长和大队党支部书记。

集美群众在自己生活还很贫困的情况下,积极响应党的号召,捐资捐款支援国家购买飞机大炮去打美帝,据不完全统计,共捐款 6.52 亿元(旧币,折合新版人民币 65200 元)。

抗美援朝战争爆发时,集美人民爱戴的陈嘉庚先生刚刚回国参政,他对于美帝国主义的侵略义愤填膺,毫无保留地拥护我国政府和人民抗美援朝的伟大壮举。

1950 年 8 月 7 日,陈嘉庚在南京举行记者招待会,谴责美帝侵略朝鲜和我国台湾。8 月 30 日,他以南洋华侨筹赈总会主席名义，致电联合国安理会并指出："美国侵朝战机侵入我国领空，滥施扫射我同胞的挑衅和暴行，已引起我海外侨胞无比愤怒。我代表南洋华侨要求安理会立即采取措施，制裁美国的侵略罪行，并令美军撤出朝鲜，以利远东和平。"10 月 15 日，他从集友银行开出一张 50 亿元（旧币，折合新版人民币 50 万元）的支票托中国银行代转作为寒衣捐，赠给前方英勇抗击美帝的志愿军战士御寒。

1951 年 7 月 16 日，志愿军代表董乐辅来集美拜访陈嘉庚，并向集美学校师生做战斗英雄事迹的报告。10 月 29 日，陈嘉庚在全国政协一届三次会议上发言，强烈谴责美帝国主义悍然发动侵朝战争，并信心百倍地断定中朝人民必定能打败美帝侵略者。

第 三 节
民主政权推动社会改造
合作道路实现集体经济

自1949年9月同安县解放至1950年3月,同安县人民政府下设7个区公所,作为县人民政府派出机构,基层建制暂时沿用民国时期的保甲制度,但在这类的农村基层单位,基本上由共产党员和革命群众组织的农会起主导作用。

1950年4月开始民主建政,废除保甲制度,将保改为乡,作为基层政权组织。最初以1保为1乡,后来根据管理需要,逐步改建。至1951年3月,全县设置7个区、2个镇(城关、马巷),辖139个乡、9个街道。其中,同安一区即灌口区辖灌口街道和14个乡;集美乡隶属于同安二区,第一任乡长陈乌亮,农会主席陈文点。

1952年10月,同安县区划再次调整,原先7个区改为10个区,辖城关、马巷2个镇及138个乡。第一区区公所驻东孚,辖12个乡,今集美区境的坑内、双岭在一区;第二区区公所驻灌口,辖14个乡,今集美区境的杏林、灌口大部、后溪一部分在二区;第三区区公所驻洪坂,辖12个乡,今集美区境的后溪一部分、集美街道、侨英街道在三区。

集美区境的各区各乡在开展民主建政工作时，紧紧围绕着剿匪、土改、镇反等中心工作，依托农会等群众团体，发动广大群众，进行宣传酝酿。在民主选举的原则下，召开乡（镇）人民代表会议；乡（镇）以下不设行政机构，采取乡（镇）委员分村领导，以人民代表及代表小组联系群众，协助工作。新政权更加民主，更加巩固。在这些斗争与实践中，锻炼了一批革命群众，并被吸收入党。到1954年年底，集美区境各乡都建立了党支部。

1953年11月3日，原属同安第三区的集美乡改为集美镇，划归厦门市管辖，陈顺言为首任镇长。镇政府起初借用民宅办公，陈嘉庚先生得知后，将校董会小楼（1980年命名为诚毅楼）借给镇政府作为办公用房，他自己和集美校委会搬到校主住宅（今嘉庚路149号陈嘉庚故居）二楼居住和办公。1958年，在厦门市市长李文陵动员下，集美镇政府另觅新址，校董会小楼改为集美校委会办公楼。

1954年2月至3月，同安一区、二区各乡的农民在各地党支部组织动员下，通过农民协会召集会议，选举产生了区一级的人民代表，参加当年6月举行的同安县第一届人民代表大会。集美镇群众和集美学校也选出人民代表，参加当年6月举行的厦门市第一届人民代表大会。

随着人民政权的建立，我国的社会制度发生了质的转变，但是旧的婚姻观念依然在群众的头脑中根深蒂固，野蛮落后的旧婚姻制度仍然束缚着人们的头脑,对实现婚姻自由造成严重障碍。

1950 年 5 月 1 日,《中华人民共和国婚姻法》公布施行,不仅使广大妇女从几千年的婚姻制度下解放出来,而且使新的婚姻制度、新的家庭关系、新的社会生活和新的社会道德得以建立,从而促进新民主主义经济和社会的全面发展。集美区境的各区各乡在党的领导下纷纷组织起来,开展了宣传和贯彻新中国婚姻法的群众运动,包括领会中央政策、集训干部以及开展群众喜闻乐见的宣传活动。

自 1950 年 5 月起,厦门市、同安县民政局均开始办理婚姻登记。各区公所、乡公所和农会、新青团、妇联等团体加大了对广大群众的宣传力度,使人们认识到,旧的封建婚姻制度完全束缚了妇女。那种封建礼教的婚姻制度实行的是男尊女卑,包办强迫的买卖婚姻,它是以夫权为中心,妇女在封建婚姻中的地位极为低下,没有财产支配权,处于从属地位,离婚权属于男方,妇女只能从一而终,没有离婚自由。现在我国进入新社会,实行男女平等,应该废除封建婚姻制度。通过宣传教育,广大农村妇女提高了觉悟,许多妇女纷纷称赞新《婚姻法》是“劳动人民的婚姻法”“中国妇女解放的标志”。

集美农村许多青年男女,在《婚姻法》的保护下,得到了婚姻自由,各自找到情投意合的终身伴侣。区公所还移风易俗,组织了多场集体婚礼,上百对青年农民采用

“仪式隆重、用费节俭”的新式婚礼结为夫妻，并把节省下来的钱款大部分投入农业生产。这些新婚伴侣大都参加了生产互助组，积极投入农村的爱国增产竞赛活动。

1951年年底到1952年10月，全国在党政机关工作人员中开展“反贪污、反浪费、反官僚主义”的“三反”运动，在私营工商业者中开展“反行贿、反偷税漏税、反盗骗国家财产、反偷工减料、反盗窃国家经济情报”的“五反”运动。

虽然当时集美乡归属晋江专署同安县管辖，但由于历史原因，集美学村享有特殊政策，集美各个学校、集美学校建筑部和集美医院的“三反”运动是由中共厦门市委领导。厦门市委派遣宣传部部长萧枫，由他带领早年在集美水产航海学校学习过的市委统战部张其华、市教育局谢高明等多位市委机关干部进驻学村内的科技馆具体领导这场运动。与此同时，集美乡工商界则在同安县委领导下开展了“五反”运动。由专署、市“共管”的情况，在全国绝无仅有。

厦门市委成立节约检查委员会，具体负责“三反”运动的开展，从1951年年底开始至1952年1月中旬为学习检查阶段，1952年1月下旬到4月底为检查、坦白和检举阶段，1952年5月初到7月中旬为建设阶段。通过三个阶段层层推进，在政策教育和群众的压力之下，一些贪污分子坦白交代，许多干部和公职人员受到了深刻的教育。

同安县二区和三区根据县委部署,积极推进工商业者以小组形式,开展互助互评工作,由工商户在小组会上先自报违法事实,然后经小组讨论通过,交给本店或本厂为主的工人进行审查。每个互助互评组都有“五反”工作队干部和熟悉业务的工人、店员参加指导。到1952年夏天,同安二区和三区的“五反”运动胜利结束。一些不法工商业者受到应有的处罚,这场运动还团结、教育、改造了大多数民族资本家。

进入1953年,随着新中国工业化建设的全面开展,国家对农业、手工业和资本主义工商业的社会主义改造也同时进行。

在党的领导下,厦门市郊的农村一带,时称禾山区的农业合作化运动经历了农业互助组、初级农业合作社到高级合作社的过渡,从而一步一步实现了对农业的社会主义改造。

1951年3月,禾山区西郭社叶永达等6户农民,在变工组的基础上自愿组织互助组,对厦门市郊的农民组织起来走互助合作的道路,起了很好的示范作用。当时还是传统农业区的集美乡迅速响应西郭社成立互助组的做法,农业社会主义改造进展顺利。尚属同安县的灌口、后溪、杏林等地农村,也同时进行合作化形式的社会主义改造。

集美区境的土地改革结束后,分得耕地的贫雇农普遍缺乏耕牛、农具和抵御自然灾害的能力。在人民政府的倡导下，部分农民自愿组成季节性临时互助组和常年性互助组，土地、耕牛、农具所有权不变，用工实行自愿互助、等价交换原则，耕牛、农具折抵换工，收获归各户所有。互助组组长为义务性质，不计报酬。1952 年夏天，开始在同安县第二区东浦乡（现为后溪镇岩内村）进行试点，至 1953 年年底，境内农村普遍成立互助组。

1953 年，灌口镇东辉村的三房、寨内、下厝、施塘尾、欧厝垅和新厝内 6 个自然村，联合成立集美第一个农业生产合作社——金辉初级农业生产合作社。至 1955 年，集美境内 80％以上的农户入社。

初级社的土地、耕畜及大型农具仍为社员私有，土地折股入社，耕畜和大型农具由合作社统一安排使用，付给议定报酬。社员参加集体生产劳动，实行评工记分和劳动定额，即与定时间、定人员、定任务、定报酬、定奖惩相结合的按劳分配制度。初级合作社扣除生产费用后的净收入，除缴纳税金、提留公积金和公益金之外，一般情况下按土地与劳力三七开比例分配。山区地多人少，土地报酬低于 30％；平原地少人多，土地报酬略高于 30％。初级社社长等干部不脱产，采取误工记分方式付给报酬。

1955 年 12 月初，根据中共中央关于农业合作社的指示，灌口镇顶许、双岭等村率先组建高级农业生产合作社。1956 年春，集美大社、岑头、郭厝等 6 个初级社合并组建名为“集美农渔业合作社”高级社。

高级社的规模，在山区一般有 100 户左右，在沿海有

150户至200户,在平原有250户至300户。多数高级社下设中队和分队。社队干部由社员民主选举产生,呈报上级批准。除正、副社长脱产外,其他干部均不脱产。土地无偿入社,耕牛、大型农具按质作价归集体所有,按人口分配给社员少量自留地。

高级社实行包工、包产、包成本、多奖少赔的“三包一奖惩”的生产责任制。生产实行计划管理,生产指标分解到中队和分队,超产部分65%～70%作“三包”单位奖励,30%～35%留作生产基金和干部奖励;减产部分由“三包”单位赔偿60%～70%。高级社实行“各尽所能、按劳分配、多劳多得”的分配原则。劳动采取确定底分的劳力定级、死分活评与劳动定额、计件工分相结合,以劳动定额为主。核算单位的分配比例,公积金占总收入的5%,公益金占3%,管理费占1%,社员分配占64%。

1955年12月14日,集美镇人民委员会成立。刚刚走上合作社道路并组织起来的农民,在镇党委、镇人民委员会领导下,发挥集体经济优势,投入抗旱保收工作,与自然灾害展开斗争,各地农村修筑了许多水利设施,扩大与改善了受益农田,有效地降低了干旱受灾程度。农业技术推广站也在集美建立起来,举办农业技术训练班,由点到面,推广农业新技术。

短短三年,集美、杏林、灌口、后溪等地的个体农户就从临时互助组和常年互助组,发展成半社会主义性质的初级社,再迅速向社会主义性质的高级社转变,从而实现了将农村个体私有制逐步转变为社会主义集体所有制的社会主义改造。

1956年1月30日,集美、灌口、后溪等地上千名农民同时集会,庆祝所在乡镇实现农业合作化。2月12日,集美镇群众代表和集美学村教师代表兴高采烈地参加了厦门市各界群众为庆祝社会主义改造胜利的大游行。

新中国成立前,集美境内仅有数家手工业作坊,均为私人所有,主要经营副食品、小五金、纱制品和粮油加工。尤其在解放前夕,经济萧条、物价飞涨,致使个体手工业纷纷倒闭,所剩无几。

新中国成立后,同安县政府、集美镇公所向经营困难的个体手工业户发放低息贷款,优惠供应生产所需的原材料,引导从业人员开展生产自救,个体手工业得到恢复和发展。这一做法,树立了手工业者对人民政府的信心。

农民群众入社的热情十分高昂,形成了强大的社会主义改造浪潮,促进了手工业的社会主义改造。从1952年开始,集美镇公所通过说服教育、典型示范和国家援助等方式,引导手工业者在自愿的基础上联合起来,走合作化道路。手工业者携带简单的生产工具入社,组成副业生产队。至1956年,集美镇手工业者共126户206人加入合作社成为社员,占全镇手工业者户数的97%,私营手工业顺利向集体经济转变。

1953年,原属集美学校校董会管理的集美学校职工消费合作社扩大了规模,更名为集美镇消费合作社。1955 年 3 月,该社在对资本主义工商业社会主义改造中清退所有股金,改制为国营商业公司。1956 年 2 月,集美镇 101 家私营商业过渡为供销合作社商业或组织合作商业。

1956 年,集美、杏林、灌口等地都成立了集体所有制性质的手工业生产合作社或生产合作组,然后逐步发展成为集体所有制的小工厂,并纳入厦门市手工业局统一管理。

集美镇为了尽快解决城乡商品流通渠道存在的问题,决定建立农村合作商业网络,既为广大农民的生活和生产服务,同时也是为了解决合作社的金融信贷的需求,1956 年,集美镇供销合作社和信息合作社同时成立。

1956 年年底,集美与全国各地一样,全面完成了对私有制的社会主义改造,集美农村实现了农业、供销、信用三大合作,集体经济占主导地位。

农业、手工业和资本主义工商业三大改造基本完成,消灭了剥削阶级和剥削制度,实现了生产资料私有制到生产资料公有制转变的深刻变革,随着社会主义经济制度的建立,从而实现了从新民主主义向社会主义的过渡,进入社会主义初级阶段。

第四节

学村重光培育新人才　校务革新拥抱新社会

抗战期间，集美学村曾被日寇炸得满目疮痍，新中国成立初期，还遭到国民党飞机轰炸，造成“双十一惨案”。在当地党政部门的支持下，集美学村迎来了医治创伤，恢复元气，回归教书育人正常轨道的最佳时期。

1949 年 12 月，根据厦门军管会的有关规定，集美学校建立了校务委员会、生活指导委员会和经济委员会。其中校务委员会为学校最高决策机关，由校长、教职员代表和学生代表组成，代表以民主选举产生。

校务委员会主任由校长兼任或民主方式推举产生。生活指导委员会是在撤销新中国成立前的训导制度之后成立的。它的主要任务是制定学校的生活管理规则，负责对学生进行管理指导。该会由教职员和学生选出代表组成，下设生活管理组、社会活动组和课外阅读组。经济委员会由全校师生工友推选代表组成，是一种群众性的实现经济民主的管理机构。其任务是协助学校管理经济，审查与决定学校各项主要开支，推行学校生产节约运动，使学校达到经济公开、开支合理，杜绝贪污浪费，改进生活设备的目的。

在厦门军管会指导下,集美学校三个委员会认真负责地开展工作,定期检讨工作得失,提出改进意见,在除旧布新的时期,这种管理机构与形式起了很大的作用,向民主管理学校方面前进了一大步。

1950年5月,华侨领袖陈嘉庚先生告别了侨居60多年的第二故乡新加坡和数百位亲人,将他在新加坡的合营企业中自己所拥有的全部余款汇回国内,只身回到故乡定居,投身于新中国建设的行列,再次实践他的爱国之心和报国之行。他一到集美就立刻巡视各校,制订出“重建集美学村计划”,希望早日将集美学村建设成为全国一流的教育基地和闻名遐迩的美丽风景区。

福建省人民政府和厦门市人民政府极力支持陈嘉庚的计划,让学村重现风采。政府拨款近800万元,由陈嘉庚先生亲自主持进行修建和扩建。

在陈嘉庚的亲自主持、监督下,集美学校积极修复被战火毁坏的校舍,同时又进行了大规模的扩建。修复和扩建集美学村的工程,从规划、设计、备料到施工,陈嘉庚都要亲自过问。他以80岁的高龄,每天扶杖步行,巡视各处工地,人们亲切地称呼他为集美学村的“总工程师”。

从1951年至1954年这4年间,集美学村修缮了尚忠楼群,重建了延平楼,兴建了黎明楼、道南楼和南侨楼群,兴建了可容纳2000多人的福南大会堂和可容纳3000多人的体育馆,特别是1957年6月建成的南薰楼,由主楼及两侧翼楼组成,共有15层,高54米,是当时福建省最高建筑物。

集美学村扩建后的建筑面积达 16 万平方米，校舍建筑面积相当于 1913 年至 1949 年这 36 年的总和，投入建设费用超过 1000 万元。

在修葺学村工程顺利进展的同时，陈嘉庚高度重视各个学校领导的人选。他最为关注的是集美中学校长人选，有人推荐福州师范学校校长叶振汉，因为叶振汉首先是共产党员，曾任中共(闽中)厦门工委负责人，其次是集美校友、归侨，当过多所中学校长。陈嘉庚也认为叶振汉很合适，因为集美中学有大量侨生，确实需要一个懂得华侨政策，又善于做思想工作的人来领导。1953 年，陈嘉庚亲自向福建省人民政府指名请调，将叶振汉调到集美中学担任党支部书记、校长。

短短几年，学村迅速得以恢复并有很大发展，新办了水产商船专科学校、航海专科学校和华侨学生补习学校。1955 年秋，集美各校学生总数达到 5217 人，为新中国成立前学生数最多的 1931 年的 2 倍。

1950 年暑假，集美水产航海学校学生陈耿超等人倡议群策群力义务创办夜校，让集美地区没能上学的青少年得以学习科学文化，这一倡议获得同学们的热烈响应，也得到陈嘉庚大力支持，并由集美学校董事会拨给 100 万元(旧币，折合新版人民币 100 元)作开办费，陈耿超和黄明德用这笔钱去厦门新华书店购买《农民夜校读本》和粉笔、纸张。9 月 7 日，集美乡人民夜校在集美小学校长叶文佑的大力支持下如期开学,夜校借用集美小学和科学馆教室上课,设1个高级班、2个中级班、3个初级班,给300多名集美适龄青少年扫盲识字,学习计算和时事政治。夜校每晚上2节课,每节课50分钟,星期天不休息,课堂秩序良好。陈耿超担任校长兼政治时事科教员、陈振群任教务兼高级班语文教员,陈有义、黄明德任总务兼教员,其他教员均由在校学生兼任。

1952年4月,"三反""五反"运动开始,集美各中等学校停课搞运动,在夜校任课的同学没有时间顾及教学工作,集美乡人民夜校宣告停办,部分夜校学员后来考入集美中学继续深造。

1953年11月,刚刚成立的集美镇政府考虑到外来建筑工人和本地青壮年农渔民都有学习文化的要求,就请求陈嘉庚支持创办夜校,陈嘉庚嘱咐学校董事会办理,镇政府将创办夜校的具体任务交给陈振群。经过一段时间的筹备,1954年2月21日,集美镇工农业余文化学校在延平楼开学,校长林祥安和所有教员都列入编制,工资由集美学校董事会拨款。集美镇工农业余文化学校同样设1个高级班、2个中级班、3个初级班,也是每晚上2节课,每节课上50分钟,但星期天晚上休息。到1956年,高级班学员基本上具备高小五年级的文化程度,初级班学员均已摘掉"文盲"的帽子。至此,集美镇工农业余文化学校完成它的历史任务,于1956年年底停办。

在整个50年代,今集美区境各个乡村大多开办了冬季学习班和速成识字班，在农民和职工中推广速成识字法，开展扫盲工作。

在复建和扩建集美学村期间，陈嘉庚挂念着家乡集美大社许多生活拮据的困难户。1952 年，他决定以工代赈，组织这些生活艰困的乡亲在滩涂上挖泥筑岸，发给劳动报酬，由建筑工人完成池岸砌石工程，建成龙舟池。再把端午节的龙舟赛事这一体育活动引入集美学村，为集美龙舟文化的发展奠定了基础。1953 年 6 月 15 日，20 多支群众龙舟队在集美龙舟池开桨竞渡，这是新中国成立之后厦门首次举行全市性的龙舟赛。

1953 年开始进行的社会主义改造的核心就是将生产资料私有制转化成社会主义公有制。陈嘉庚也积极响应党的号召，1954 年 9 月，他把位于天马山东北麓的集美农林学校，连带 2400 亩山林和耕地都献给国家，由政府成立国营天马种猪场。

伴随着社会主义改造的深入进行，1956 年 1 月，集美学校由人民政府全面负责，政府各有关部门不但在教学上负责掌握全面领导，而且对学校的经费、仪器设备费先是部分补助，很快就全部负责。

为了切实加强党对集美学村各校教育工作的领导，各校纷纷建立党支部，许多年富力强、政治合格的教职员加入了中国共产党。

1956 年 1 月 1 日，陈嘉庚为了适应社会主义建设和集美学校发展的需要，在征得中央华侨事务委员会的同意后,宣布撤销原来领导集美各校的集美学校校董会,改组为与各校联络关系的"私立集美学校委员会",校董陈村牧被聘为17名委员之一。

集美各校的办校规模进一步扩大,学生人数日益增多,至1960年达11638人,其中尤以侨生数量增长最快,从建校至1966年的12年中,共接待1.8万名归国侨生入学,成为名副其实的"侨生摇篮"。

根据省、市有关部门的要求,为了提高从旧社会过来的教职员的思想觉悟和政治水平,引导他们树立正确的人生观、世界观、教育观,集美各校分批派送教师参加各种研究班、学习会,还自己组织政治学习小组。开始是师生混合编组,后来教职员除参加师生学习小组外,又另外成立两个教职员学习小组。主要学习中国共产党关于社会主义改造的相关文件和毛泽东的《新民主主义论》和《中国革命和中国共产党》等文章,通过讨论领会精神。

学生会还成立课外阅读小组,着重学习马列主义、毛泽东主席的著作。凡是各种新书,由各人自由选读一本,每星期举行一次小组会,交流学习体会。学校图书馆也大量购置有关马列主义和新民主主义一类的读物,为师生们提供很好的精神食粮。

与此同时,根据文教部的规定,将学生的群众团体——学生自治会改为学生会。学生会的正副主席由学生普选产生。学生会设秘书处和学艺、文娱、体育、联络、社会服务、生活福利等6个部。学生会还设立执行委员会，负责学生会大会所有决议的执行与监督学生会各部的任务执行。

在各校党支部领导下，各校也建立了团支部。最初是集美水产航海学校与集美中学联合成立一个“新民主主义青年团水初联合支部”，后来团员增多，为便利开展工作，分设两个支部。学生会和团支部成立后，组织学生和团员积极开展各种生动活泼的活动，集美学村一派朝气蓬勃。

1957 年 5 月，团中央决定将新民主主义青年团改名为共产主义青年团，集美所有学校纷纷建立了共青团组织。

当时，师生们经常召开生活检讨会，大家都严肃诚恳地开展批评与自我批评，互相帮助、互相关心，充满健康向上的道德风尚。学校对学生的生活鉴定也很严格，先是自评、小组互评、班级互评，再经过生活指导委员会初步鉴定后，大家互评，生活指导会最后鉴定。在鉴定过程中，同学们的态度都十分认真。一次又一次的互评和深刻检讨，对每个同学都有很大的触动。同时，学校对教职工的思想和工作情况也进行严格的考核。校务委员会印制了调查表，分等第、优缺点等栏，等第分优、中、劣三等，优缺点包括思想作风、工作表现、教学情况等，由师生员工填写，校务委员会汇集评定。

这一时期，师生之间的关系也有了新的变化。1950 年 3 月 13 日出版的《集美周刊》上发表的《建立新的师生关系观》一文指出:“在原则上,我们必须把师生之间的旧观念革除干净,而建立起新的师生关系观,为师的必须把几千年来的‘师统’思想和‘天地君亲师’的宗法意识革除;认师生之间是一种人与人的社会关系,是一种传达知识的桥梁作用,是一种为人民服务的工作,是尽了个人在社会上的本位来做‘传道、授业、解惑’的工作。”新型师生关系的一个主要特征是“尊师爱生”,老师将爱护学生当作自己最起码的职业道德,将学生看作是祖国的未来,把培养他们成才看作是自己不可推卸的责任和神圣天职。

1950 年 7 月,《集美周刊》开展了关于人生观的讨论,师生普遍认识到,只有树立全心全意为人民服务的人生观,才是正确的人生观,而人生也才有真正的意义和价值。

学校还重视培养学生的劳动观念,组织学生参加适当的劳动。当时除了整理校舍、清除环境全部由同学们负责外,学校还成立一个生产委员会,组织师生们开垦荒地,种植蔬菜瓜果。以小组为单位,每天两个小组轮流劳动,校长和教职员也参加生产劳动。这一年暑假,学校抽调部分学生组织“集美学校劳建队”,奔赴同安马巷镇参加国家重大工程建设,同学们顶着烈日,以吃大苦、耐大劳精神,苦战 38 天,获得了同安县人民政府的表彰。

1950 年春,集美各校初步稳定了新的教学秩序。1952 年以后,根据县人民政府关于学校教育进行整顿、巩固的指示,各校逐渐加强对教学的领导;颁布了教学和民主管理的规章制度,进一步建立起正常的教学秩序。各校在校长之下设立教务处主管教学工作,各学科都成立了教学研究组,认真开展集体备课、互相听课、观摩教学等活动。

1954 年 6 月,集美各校贯彻教育部关于中等专业教育要全面进行教学改革的精神,成立了“教学改革推动委员会”,提出了“边学边做边改进的方针”;确定专业培养目标,强调理论与实践相结合,改变考试与评分办法,同时严格教学管理,充分调动了广大教师和学生教与学的积极性。

1958 年 3 月 15 日,集美水产航海学校拆分为水产学校和航海学校。1959 年 3 月 31 日,集美财经学校、泉州食品工业学校和厦门纺织学校合并成立集美轻工业学校。1960 年,集美轻工业学校升格为集美轻工业学院;1962 年,改建为集美轻工业学校;1965 年,集美轻工业学校部分专业析出,改建成集美财经学校。

第二章
鼓足干劲战天斗地
艰苦创业改造山河

第　一　节
十里长堤横跨碧海　万年天堑瞬变通途

我国“第一个五年计划”的实施和社会主义改造的时代潮流,焕发了集美人民战天斗地的豪情。伴随着鹰厦铁路建设,厦门人民多年的“让高山低头,叫海水让路,誓把海岛变半岛”的愿望在20世纪50年代成为现实。

1950年5月,首任厦门市市长梁灵光乘船渡过高集海峡到集美拜访刚刚回乡定居的陈嘉庚。不久,梁灵光担任厦门市委书记,又多次渡海拜访陈嘉庚。他们在谈论厦门岛与集美之间的交通问题时,一致认为可以在高崎与集美之间修筑海堤,将厦门岛与大陆连接起来。高集海堤一旦建成,鹰厦铁路就可以通过海堤,直接进入厦门市区,从而加强我军战备。集美与厦门岛的交通畅通,可以打破美蒋集团的封锁,有助于发展厦门的交通和经济;同时还可以实行以工代赈,缓解厦门和集美严重的失业问题。

1951年3月,中共中央政治局委员、华东军区司令员陈毅在福州军区司令员、福建省委常委叶飞的陪同下,视察海防前线厦门岛。叶飞和梁灵光向陈毅汇报了采用

“抛石为堤”的设想，修筑高集海堤。陈毅非常赞同这个建议，立即向毛泽东主席报告修建厦门海堤的必要性和可行性。虽然毛泽东同意这项建议，但政务院考虑到当时国家财政困难，一年多时间都没有答复。在此期间，陈嘉庚多次建议中央加大对福建的投资，早日修建福建铁路和厦门海堤。毛泽东最终确定由中央拨款修筑厦门海堤。

1952 年，主持中央财政工作的中共中央书记处书记陈云从国家预算外的基建投资中拨出专款 1323 亿元（旧币，折合新版人民币 1323 万元）作为修筑海堤的工程款。工程由叶飞省长、福建省工业厅厅长梁灵光（1956 年 3 月任副省长）主持，张维兹市长负责组织施工。

1953 年 4 月，华东水利部门与省内有关部门、厦门大学的工程师、教授来到高集海峡考察，对地质、水文进一步详细勘测分析，一致认为“抛石为堤”的技术问题可以解决。

工程技术人员初步勘测后提出的设计是堤宽 21 米，高约 20 米，在厦门一侧铁路与公路交汇处建造立交路，以适应将来的发展需要。但是，这一设计方案和陈嘉庚的建议均遭到苏联专家沙士可夫的反对，他以经费不足为理由，将原设计中的堤宽缩减为 19 米，扣除拦水防护的胸墙和人行道之外，实际上只有 14 米，并取消了建造立交路的设计。这一改造导致后来的堤面无法拓宽，海堤的通行能力受到制约。

1953年6月17日,厦门高集海堤工程指挥部正式成立,由厦门市市长张维兹兼任主任,省水利局局长曹玉崑任副主任;省水利局总工程师殷孝友任集美施工指挥所主任。同日,海堤工程正式开工建设。工程指挥部从厦门、同安等地调集500名干部,第一次就动员了3000多名民工参加海堤的修建。

根据高崎至集美2.2千米宽海域的水文、气象、地质等条件,勘测工作分地质、水文、施工三组进行。最后决定采用斜坡直墙混合式堆石堤的方法。工程规划贯彻建设与救济相结合的方针,尽量利用人力,去解决厦门市民失业和集美农村富余劳动力的问题,尽量利用当地已有设备进行施工,避免运用大型机械及进口器材。海堤堤顶平行通过铁路、公路。两旁铺设人行道。为了避免筑堤之后航路阻塞,施工中采纳了国防部副部长、华东军区副司令员粟裕的建议,在海堤的深水处留下一个3米多宽的涵道,以便小型船舶穿行,满足军需民用。

根据水文气象资料,海堤东边的风浪比西边更猛烈,因此堤身基床东侧比西侧平缓,所用的护坡石块东侧也比西侧大。堤顶宽19米,6米宽的铁道位于堤中心的西侧,7米宽的公路在堤中心东侧,人行道布置在堤顶边缘胸墙内侧,东面人行道宽2.1米,西面人行道宽1.5米,两旁胸墙各厚1.2米。

高集海堤在施工中,经常遭到从金门或台湾方向起飞的国民党飞机的袭击,工地上经常硝烟弥漫,装载条石的船只不时中弹起火，建堤干部和工人常有伤亡。在建堤过程中，共有150名干部和民工罹难，为海堤建设献出了他们宝贵的生命。有一次渡船被敌机炸沉，被炸死和溺亡者多达90余人。工程指挥部提出“与敌机抢时间，防空不减产”“提早修好海堤，支援解放台湾”的口号，全体施工人员将生死置之度外，日夜赶工。

1955年1月19日下午，100多名修筑海堤的男女民工登上“颖海号”汽船，船后还拖带一只载有36人的帆船，准备回内陆家乡过年。当船航行到九龙江口时，先后有8架国民党飞机突然临空俯冲、扫射，接着狂轰滥炸。顿时，汽船发动机被炸毁，轮机员牺牲，鲜血染红了海面，死伤人员不断增多，汽船倾斜，并且触礁半沉。此时，“颖海号”与后面用缆绳拖着的帆船相距仅十多米，随时有拖沉帆船的危险。敌机可能很快返回继续轰炸，帆船上几十人的生命危在旦夕。

这时，年仅21岁的水手曾亚碰坚决果断地抓起船上备用的斧头，奋力砍断缆绳。帆船像脱缰的野马，摆脱了即将沉没的“颖海号”的拖累。曾亚碰用全身力气拉满风帆，顺着潮流往附近陆地冲去。果然，敌机又飞回来骚扰，独胆英雄曾亚碰掌稳舵盘与敌机周旋。敌机的扫射把帆船射穿一个个弹洞，曾亚碰仍镇定沉着地快速驶进，避过敌机投掷在逼近海面爆炸的炸弹，避过了敌机的疯狂扫射。半个多小时后，船只凭借着破帆和风力，渐渐靠近海滩，36人毫无损伤地赶紧下船登陆向四处疏散躲避。曾亚碰凭着机智和英勇,拯救了36条生命,但是“颖海号”汽船上却有76人牺牲,其中还有一位身怀六甲的孕妇。

高集海堤建设规模大,工期紧,问题复杂,是当时我国最大的基建工程,前后有一万名建设者战胜了惊涛骇浪与盘踞台湾的蒋介石集团的袭扰和破坏。

按照建设方案,海堤从高崎和集美两端同时施工,投石筑堤心、护坡稳堤身、沉箱架航道,直至最后在中部接合。当时厦门的实际情况是,既无建堤经验,也无任何机械化设备。在工地上,开山采石全靠原始的钢钎、铁锤、板车、竹梯,运输则凭借工人的肩膀和双手。陆上施工条件艰辛,海上施工更是艰险。数千名工人在堤线上不分昼夜地作业,涨潮时抛石,退潮时施工,作息随着潮汐的变化,每天的睡觉与起床的时间都不同。

工人们夜以继日地在厦门岛西部的石鼓山、双狮山、牛头山和厦门岛东北方的大离亩屿、小离亩屿开采石料,还有些石料在海澄县的鳌冠太平山(今属海沧区)和港尾镇打石坑一带开采。石料开采之后,就地加工成形,直接运输到施工现场。整个工程所需花岗岩石材多达75余万立方米。

集美不仅派出许多精壮的劳动力投入这项宏伟的工程,而且热心的集美乡亲送水送食,搭建工棚,为建设者们提供最好的后勤保障。

仅仅两年零三个月,1955年10月1日,全长2212

米，高约20米，顶宽19米的高集海堤工程提前竣工。当天，中共中央副主席、全国人大常委会委员长朱德元帅为厦门海堤工程的建成题写"移山填海"四个大字。当年年底，福建省委、省政府修建了海堤纪念碑，厦门海堤工程指挥部撰写了碑文。登上海堤纪念碑旁边的观堤亭，可以一览集美学村全景。

1956年12月9日，鹰厦铁路铺轨到厦门，1957年全线正式通车，在集美区境设置了前场、杏林、集美三个火车站。

高集海堤的建设者们发扬了"艰苦创业"的革命精神，不仅提前建成这项国家重大工程，而且节余了300多万元。时值厦门响应国家"一五"计划发展工业，于是就用海堤建设项目的节余款，在今属思明区开元街道的后江埭一带扩建了橡胶厂、电池厂、酿酒厂和罐头食品厂，新建了度量衡厂、五金厂等8个小厂，还将几个小作坊合并成厦门通用机器厂，形成厦门最早的现代工业区。

在兴建高集海堤的同时，鹰厦铁路也在抓紧修筑。按照原先设计方案，铁路经过角美镇之后，再经灌口、后溪，绕着杏林湾东岸，才能到达集美，通过高集海堤进入厦门岛。陈嘉庚在审阅这项方案时认为，应该在杏林与集美之间的海域再修一条海堤，铺上铁轨，铁路从灌口、杏林，沿着海堤直达集美。这样路线更便捷，节省下9千米铁路的建筑费正好用来修筑海堤。铁路通车后可以减少运行时间和运输费用；杏林湾封闭后，海湾内可以围海造地将近2万亩,剩下的部分水面,还可以搞水产养殖。1955年1月28日,陈嘉庚将自己的意见转呈周恩来总理,并得到批准。

集杏海堤工程由厦门市人民委员会(1955年6月2日,厦门市政府改称厦门市人民委员会;同年12月14日,集美镇政府改称集美镇人民委员会)秘书长丁德举担任指挥部主任,以高集海堤原建制的5000余名工人和干部为骨干,在解放军铁道兵部队和厦门市人民委员会、省水利局、晋江专区、龙溪专区的支持下开建。

1955年10月11日,集杏海堤全面动工,1956年1月完成堤身基床抛填,1956年2月至8月进行堵口,12月7日胜利竣工。集杏海堤工程量达95万土石方,建设费用470万元,全长2820米,顶宽11.5米,它与高集海堤合在一起,被称为“十里长堤”。

集杏海堤建成后,厦门市继续组织力量加固堤身,培土拓宽,除了铁道之外,还将汽车单车道扩为三车道,增加交通量,以保证当时兴建杏林工业区的运输需要。1966年至1969年,又在海堤内侧抛填沙土、石块,做反滤层,然后培土封闭,降低堤内水位,阻止了堤外的海水回流。杏林湾沿岸的大片浅水滩地,经过淡水浸泡后,逐渐改造成为农田。

高集海堤和集杏海堤的建成,使厦门岛与集美相连成为人工半岛,根本上改变了厦门孤岛交通阻隔的状况,对当时加强海防、巩固国防和促进厦门及闽南地区经济建设均有重大意义。1957年4月,由解放军铁道兵部队修建的鹰厦铁路通过集杏海堤和高集海堤,进入厦门岛,宣告鹰厦铁路胜利建成,厦门与祖国内地的联系更加紧密。

1957年8月1日,通过集杏海堤的集美至灌口公路正式通车,从此,集美学村到灌口古镇的交通再也不必沿着杏林湾绕道而行,便捷了两地交往,也缩短了厦门至漳州的路程。

高集海堤和集杏海堤建成通车,厦门的城市建设也从岛内扩大到集美区境的杏林,杏林工业区的开发建设因时因势呼之欲出。

集美与杏林之间,原先被杏林海湾阻隔,车辆行人必须沿着海湾绕道10千米。海堤建成后,鹰厦铁路缩短了8.8千米,车辆和行人行程缩短15千米,同时围出海湾20.6平方千米,可以提供渔业养殖和农垦,也为杏林工业区的开发创造了条件。

随着杏林工业区的开发提上日程,工业区南部马銮湾的海盐成为化工产业的原料,从漳州东山岛运来的海砂资源也成为玻璃产业的工业原料。为了围堰开辟盐田,贯穿马銮湾,连接杏林与海澄霞阳的马銮海堤于1958年1月动工兴建,同年9月堵口成功,1960年3月25日全部竣工。马銮海堤上还修筑公路,缩短了杏林与海澄县的交通。

马銮海堤全长1.67千米,堤顶宽7米,全为土石沙混合结构,土石方用量近 80 万立方米。堤身不透水,盐场周围筑有 20 多千米长的防洪堤,使场外 160 多平方千米海域的聚雨量和平时径流量通过大堤两端的排洪闸直接注入大海。堤外深水段还辟为内海客运码头,这个码头还兼作新华玻璃厂原料运输码头,一直使用到 70 年代中期。

在马銮海堤建设期间的 1958 年 10 月,与集美杏林隔海相望的海澄县的霞阳、新垵、海沧正式划入厦门郊区。

兴建高集海堤和集杏海堤期间,陈嘉庚先生考虑到工程建设会使三面环海的集美农渔民的生计受到影响,他特意嘱咐集美镇镇长陈顺言与厦门水产局局长陈春生联系,输送一些经过培训的村民跟着渔船去外海捕捞,以增加村民的收入。当鹰厦铁路即将完工时,陈嘉庚通过集美镇镇政府,向厦门市政府争取到一些工厂项目落户集美,其中包括能够安置大量工人的纺织厂项目。厦门市委还拨出专款,在集美开设了 6 个饮食店、2 个市场、2 个百货店,还有银行、邮电局和粮食局也在集美开建。

第　二　节

拦河筑坝兴修水利　辟地建房安置移民

厦门市的淡水资源相对比较贫乏，同安和集美区境的河流相对短小。集美区境多年平均水资源总量2.17亿立方米，其中地表水1.82亿立方米。集美区境内主要河流有苎溪、深青溪和瑶山溪，它们大多流程较短，丰水期水量较急，枯水期几近干涸，易洪易旱。此外，集美区域的地下水水文地质单元零散，侵入岩、红土台地分布较广，因而地下水比较匮乏。

千百年来，集美劳动人民经年累月艰苦治水，抗御洪旱灾害，他们筑陂挖塘以灌农田，修池凿井而供饮用，兴堤围海增扩农田。所以说，在集美区境建造的水库和围海建成的人工湖泊、池塘都是宝贵的水资源。

1954年，厦门、同安遭遇严重旱灾，城乡严重缺粮。1955年，毛泽东主席发出"水利是农业的命脉"的号召。党和政府一声号召，千军万马干起来。同安县委掀起大办水利的群众运动，一时间，党员干部、社员群众，甚至工人、学生、解放军指战员乘着合作化运动的强劲东风，纷纷投入拦河筑坝兴修水利这一宏伟工程。

从1955年到1959年，在党和政府领导下，集美人民凭着敢想敢干、锐意进取的精神,全社会齐动员,人们公而忘私,艰苦奋斗,先后建成了坂头桥水库、石兜水库、塔山边水库、岩内水库,实现了劳动人民多年期待旱涝保收、五谷丰登的夙愿。

新中国的首任同安县委书记曹玉崑于1953年春调任省水利局局长,他对包括灌口、后溪在内的同安县农业受旱的严重性和兴修水利的必要性深有体会。1955年11月,曹玉崑在同安县委书记唐静的陪同下,查看了源于同安、长泰交界的白盘岭,流经许庄、石兜,出官寨龙山到苎溪桥的同安第二大河流苎溪。他们研究决定兴建一个水库,将坝址选在坂头桥村,可以依山就势,利用上游较为空旷的河谷增加蓄水量。

同安县成立了以副县长赵德奇为指挥的坂头桥水库工程指挥部,陈豆水任第一副指挥,李永川、吴总旗、武贵臣、郭子杰任副指挥,11月23日正式动工。

由于时间紧迫,只能勘测、设计和施工同步进行。当时的条件还很差,施工设施还很落后,缺乏大型机械。参加兴建坂头桥水库的民工主要是来自灌口区、后溪乡、东孚乡的农民。他们成立民工大队、中队,自带粮食、工具、搭工棚的材料,硬是依靠人拉肩扛,硬是依靠一双畚箕一把镢头,硬是依靠每个人的脚和手,硬是用冲天的干劲,投入这场“人定胜天”的战斗。兴建坂头桥水库正值农业合作化高潮,指挥部领导、大队各级干部与民工同吃、同住、同劳动,在工地上开展劳动竞赛,加强政治思想工作,调动广大干群的积极性，工程进展神速，且质量良好，只用短短半年多时间就完成了这项艰巨的水利工程。

坂头桥水库工程总投资63.79万元，使用劳动力125万工日，完成土石方量115万立方米。这项工程由晋江专署组织验收，1956年6月27日，同安县人民政府在工地上举行了竣工大会。7月，同安县成立坂头桥水库管理委员会，任命叶大社为主任委员，8月开始放水，灌溉后溪、灌口、集美、第二农场、杏林等地，灌溉面积2.2万亩。

1957年7月28日，同安二区（灌口区）和同安三区（后溪一带）划归厦门市郊区办事处管辖，坂头桥水库同时移交给郊区管理。

坂头桥水库率先建成，库区原有的官地、埔尾等村的村民在蓄水之前被乡政府安置到上游的石兜等村庄。

1958年开春，全国掀起轰轰烈烈的“大跃进”运动，厦门市的工农业生产发展很快，人口迅速增加带来用水紧张。坂头桥水库由于库区小，难以承担供水重任。厦门市委研究决定，在坂头桥水库的上游兴建石兜中型水库。6月，厦门市石兜水库工程指挥部成立。邱永清任指挥、王炳耀任副指挥。设计工作由市勘测设计院欧阳千等人负责，施工由市城建局负责，郊区水电科配合。工程投资由省建设厅承担，民工由郊区各公社负责抽调。

经过地质、水文等勘探、钻探之后，位于泰仔宫附近的铁丹坝被确定为石兜水库拦河筑坝的坝址。石兜水库的库区面积远远大于坂头桥水库,水库一旦建成蓄水,库区淹没土地多达 3560 亩,石兜乡所属的官仔兜、新厝、宜和、上卢、上坑、下坑、萧厝、石兜、溪仔尾、石龟、田洋、后浦、东岭、东宅、田头等 10 多个自然村 400 多户 2000 多人口将会受淹。及时动员这些村民迁移到山外与建坝工程同等重要,同样急迫。

早在 1957 年初,同安县人民政府就开始进行兴建水库移民的宣传工作。同安县干部到石兜村召开宣传动员的群众大会,家家户户都派人参加了会议,石兜乡乡长吴水津做了动员讲话。负责移民工作的干部在会上带来了移民新村 4 座楼的木制模型给大家观看。

会后,县委干部组织各村社比较有名望的人士和村民代表到山外为建造新村选址,从西井村岑仔社和新田村与苏营村之间两个地方由他们挑选,这些有名望人士和村民代表都认为西井岑仔的地面相对较小。因此就选定新田与苏营之间的空旷地建造新村,移民新村建成后,从石兜迁来的移民就将这片新的家园命名为“新村”。

建设石兜水库的工作紧锣密鼓进行着,库区移民工作随之进行。各家有耕牛的,先把牲口牵到后溪柴场交给公社人员接收。然后,各家各户整理出自己生活、生产最简要的必需物品,搬到石兜宫前的草埔上,因为这里是当时汽车能够到达的最终地点,由当地驻军派来的汽车运往新村周边临时安置点的村庄里。水库建设单位专门成立清库小组,将拆除房屋的木料、砖瓦、石板,尽量搬运到新村建设点，统一处理再利用。

1958 年 6 月，石兜水库正式破土动工。时值“大跃进”运动，厦门市政府发动全市党、政、军、民参加水库建设。上场劳力 6000 多人，工程夜以继日加紧进行，即使暴雨天气也不中断施工。短短的一年时间，就建成了这座中型水库。工程总投资 1536 万元，使用劳力 191 万工日，钢材 187 吨、水泥 1105 吨，木材 1033 立方米，完成土石方 190 万立方米。

1959 年 1 月到 3 月，正是施工最为紧张的阶段，却遇到春雨不断，总降雨量高达 1000 毫米以上，临时围堰的水位猛涨，围堰内的水位甚至比大坝高出 34 厘米，工程处于万分危急状态。厦门市委迅速抽调 123 名得力干部赶赴工地，李文陵市长亲临水库坐镇指挥，当地驻军调来一个主力团的指战员投入抢救，杏林工业区从各厂抽调 2000 余名干部职工前来支援，大家齐心协力，及时把大批物资器材和运输工具送到现场，终于使水库摆脱险情，转危为安。

1959 年 12 月 20 日，厦门市、郊区两级政府在石兜水库大坝上举行竣工放水典礼。厦门市市长李文陵、厦门市郊区行政办事处主任黄建金出席了竣工放水典礼。

1960 年 1 月 25 日，后溪公社石兜新村全部建成，公社立刻分配住房。不按原来的厝宅好坏、面积大小分配，而是按照当时的人口需求，抽签分房，共安置了 350 户 1600 多人居住在新村，另建新村大队。还有不少移民迁移到坂头附近的国营第二农场，少部分安置到灌口镇的东辉村和顶许村。此后，石兜乡建制被撤销。

石兜乡移民为了国家建设，为了让缺乏水资源的厦门岛内有足够的饮水，发扬“舍小家顾大家”、公而忘私的精神，做出可贵的个人牺牲。政府付出迁移人口安置费用 45 万元，土地退赔费用 99 万元。

坂头桥水库坝高 19 米，坝顶长 180 米，坝顶宽 6 米，坝底宽 114 米，汇水面积 8 平方千米，总库容为 521 万立方米，正常库容为 360 万立方米。石兜水库坝顶高 53.86 米，防浪墙高 1.2 米，坝顶长 300 米、宽 6 米，坝底宽 224 米，汇水面积 59.3 平方千米，总库容 8060 万立方米，正常库容 6280 万立方米。石兜水库是坂头桥水库的上游水库，因此人们习惯把这两个水库分别称作“内水库”和“外水库”。这两个水库集城市供水、农田灌溉和防洪防涝为一体，有效灌溉农田最多达 7.85 万亩。

坂头桥—石兜水库建成后，人们习惯称其为坂头水库。坂头水库周边植被良好，库水清洁，是厦门市最好的饮用水源。在 1980 年九龙江北溪引水工程竣工之前，这两个水库的供水量占到厦门市原水的 80%。

这一时期强调建设社会主义新农村，灌口人民公社成立后，行政村改称大队，农民也被称为社员，社员的生产热情大大提高。从这时起，集美地区的农作物一年三熟，一年之内连续种植早稻、晚稻和小麦。

灌口、后溪、东孚、杏林 4 个公社组织社员，经过半年多的努力，基本建成28.5千米的石兜水库灌溉渠道，扩大和改善了农田灌溉面积7万亩。尤其是1965年12月完工的坂头水库至深青的高架水渠，分别是通往后溪的左干渠和通往杏林的右干渠，右干渠又分出杏灌支渠和浦林支渠。灌口公社李林大队建设了3个电灌站，使90%以上的农田能够自流灌溉，其中250多亩农地能改种晚稻，亩产增加近一倍。

这一时期，集美人民自行设计、自行施工，发动社员上山劳动。共产党员、共青团员发挥先锋模范带头作用，先后建造了塔山边水库和岩内水库这两座小型水库。塔山边水库位于灌口镇双岭村塔山边自然村，1957年兴建，汇水面积10.8平方千米，总库容120万立方米，正常库容110.6万立方米。岩内水库位于后溪镇东浦村（1990年改称岩内村），1958年兴建，汇水面积1.8平方千米，总库容121万立方米，正常库容103万立方米。

随着农田面积的扩大，农作物复种大增，农田的缺水问题更加突出。灌口人民公社做出决定，要建造一条高架引水的灌溉渠道。从田头村的山坡截引山上的溪流进入水渠，在地势低洼的双岭村和上塘村架设高达6米至7米的高架渡槽，一直将流水引到三社村新亭山。

农村的集体化使人民公社能够在短期内聚集大量的劳动力，从1960年至1963年，公社投入了上万个劳动工日奋战在兴建灌溉渠的各个现场，社员们纷纷投入这项灌口有史以来最大的水利工程建设，展开轰轰烈烈的社会主义劳动竞赛。那时候,到处人山人海,红旗招展,场面十分壮观。公社党政干部和社员群众群策群力,他们从山上开采石材,打制成长条形的建筑材料,终于构筑了几乎流经整个灌口,拥有几十里长的灌溉水渠。

这项水利工程确实浩大,经过双岭、上塘一带的高架引水渡槽的每一个桥墩都是双弧形造型,颇具美学价值。引水渠通到灌口公社所在地时,随着地势增高,引水渡槽的高度也随之降低,以保持水流的平稳,引水渡槽通到三社村的新亭山时,与地面平行,而且分叉两路,一路顺地势下降,流向上头亭村和井城村的濒海低处农地;另一路是主干渠,经过三社村,流向大东山等村,灌溉顶许村、溪西村等处的大片沃土。

但由于源头径流量不大,秋冬季节经常断流,实在难以满足如此大面积的灌溉需求。高架引水渡槽这个亮丽工程终于在80年代后期逐渐废弃。

1969年12月,郊区革委会批准成立了溪头水库工程建设指挥部,在东孚公社溪头埔村建坝,拦截过芸溪水。这项工程主要由大坝、溢洪道、放水设备、渠道等部分组成,总投资124万元,1975年7月竣工。库区汇水面积11平方千米,总库容356.5万立方米。溪头水库现在被命名为天竺山森林公园的皓月湖,湖岸修建了人行木栈道。

经郊区革委会的批准,灌口公社还在1974年10月20日动工修建了坑内水库,1977年3月28日大坝竣工。

坑内水库汇水面积 10.48 平方千米，总库容 404 万立方米，正常库容 342 万立方米。

火热的年代也是探索的年代，有得也会有失。当年厦门电力奇缺，为了缓解集美学校师生的用电困难，1957 年春，陈嘉庚采纳了厦门通用机器厂水电工程师邱厚丝、电力工程师刘清辉的建议，利用杏林湾潮汐，在集美码头附近建造海潮发电站。

当年 10 月，陈嘉庚命名的“集美太古海潮发电厂”动工兴建，不少集美学校师生、杏林工业区工人、厦门市和集美镇各机关干部参加了海潮电站的义务劳动。1958 年年底海潮电站建成，安装一台厦门机器厂试产的 1292 千瓦水轮机，配上一台 220 千瓦发电机。

1959 年 2 月，发电站首次放水试车，顿然发现厂房基础存在缺陷而停机。当年又受到“八二三”强台风袭击，厂房受淹，水渠损坏。修复后，于 1960 年 1 月第二次试车，发现水轮机机身震动很大，齿轮箱后轴瓦发热等问题，后经多次修缮和调试，负荷最高只能达到 110 千瓦。该工程总耗资 90.95 万元，超出预算 2 倍，仍然无法正常运行。1967 年，不得不拆除海潮电站的厂房和设施，留下沉痛的教训。

第 三 节

艰辛岁月厦门办工业 火红年代杏林摆战场

1956年4月25日,毛泽东主席在中央政治局扩大会议上做了《论十大关系》的讲话,初步提出我国社会主义政治、经济建设的若干新方针。

厦门市委高度重视党中央、国务院发出大力发展地方工业的号召。1956年5月25日至6月3日,中国共产党厦门市第一次代表大会举行。市委书记张维兹做《当前厦门的基本情况和我们的任务》的报告。这次大会是在厦门市基本完成社会主义改造任务的情况下召开的,其特点是充分发扬民主,开展批评与自我批评,开展了"厦门是海防前线,能不能进行工业建设"的讨论,从而得出肯定的结论。大会讨论统一了思想,明确了发展工业的重要性,厦门市委果断做出发展工业的决定。

但是,厦门岛内的大规模的工业建设受到很大的局限,一是面对台湾当局掌控的金门岛,处在海防最前线,厦门全岛都在国民党军队的炮火覆盖范围内。二是厦门岛内军事设施密集、农田居多,兴建工厂的地幅不大。在这样的历史背景下,要在岛内大规模扩大工业生产,确实是很大的难题。

1957年夏，中共福建省第二次代表大会在福州召开，出席省党代会的厦门市领导和有关同志遵照福建省委的指示精神，结合厦门的实际情况，开动脑筋，研议建设大规模工业的设想和轮廓。提出要充分开发马銮湾沿海的海盐，所产海盐专供纯碱厂做原料，而纯碱则供玻璃生产之用，在岛外开辟一个以发展化工、建材为主的新型工业卫星城。

会后，市委、市人委组织专家对杏林、同安、灌口3个候选地进行反复勘测、论证，最后选定杏林这片丘陵地带。首先是集杏海堤的建成、鹰厦铁路的通车，不仅提升了杏林的知名度，而且便利了杏林的对外交通。其次，杏林依山傍海，发展空间大。这里地势平坦开阔，大片滩涂可供晒盐，可以为发展化工产业提供原料，周边有大片适合栽种甘蔗的田地，可为糖厂供应充足的原料。

1958年年初，福建省委同意开辟杏林工业区。厦门市委、市人委立即组建了杏林工业区党委和杏林工业区建设委员会。厦门市副市长向真同志兼任杏林工业区党委书记和杏林工业区建委主任；原厦门市委文教部部长王允晓同志担任杏林工业区党委副书记，负责筹办杏林食盐电解厂。在杏林工业区领导班子的统一指挥下，一个波澜壮阔、规模宏伟的建设迅速拉开了帷幕。

开发之初的杏林还是非常落后、亟待开放的农村，村与村之间或是羊肠小道，或是缺少公路。杏林工业区党委和工业区建委就在内茂村搭盖的两个工棚内办公，有些同志租住在西滨村和碑头村的民房里。

一声战鼓震天响,17000多名领导干部、技术人员和工人怀着建设祖国、建设社会主义的远大理想,从四面八方涌入杏林。参加杏林工业区建设的同志都抱有一个共同愿望,就是为迅速改变厦门的落后面貌而奋斗,人人都为自己能够将青春奉献给工业区而感到光荣和自豪。他们不计个人得失,不断战胜困难,党指向哪里,就奔向哪里。虽然条件简陋,困难很大,可是大家的积极性高涨,干部群众不畏艰难困苦,视杏林为家、视工地为家,头顶蓝天,脚踏荒野搞建设。大家的心往一处想,劲往一处使,同心同德,共同心愿就是尽快把厦门工业搞上去。

厦门市委专门召开市委会议,调集一批精兵强将到杏林工业区任职。市委委员、市妇联主席郑秀宝同志到纺织厂,市委工交部部长张可同同志、副部长姜德胜同志到综合玻璃厂,市政府秘书长丁德举同志负责建设马銮海堤,厦门航管局陈明同志到马銮盐场,市政府侨务局副局长庄鸣冬同志到化纤厂,市委组织部副部长张立生同志到糖厂,支援杏林的海澄县副县长陈新智同志任杏林人民公社党委书记,市公安局科长葛八元同志到冶炼厂,思明区副区长杨元海同志到火电厂。这些同志都听从党的安排,调令一下,他们不讲任何条件,带上简单的行李,立刻到杏林工地报到。

1958年5月,中共八大二次会议通过了"鼓足干劲,力争上游,多快好省地建设社会主义"的总路线。这条总路线反映了广大人民群众迫切要求尽快改变我国经济文化落后状况的普遍愿望。但由于它是在急于求成的思想指导下制定的，片面强调经济建设的发展速度，过分夸大了主观意志的能动作用，忽视了经济建设所必须遵循的客观规律。当时的党员干部片面强调总路线的基本精神是："用最高的速度来发展我国的社会生产力"，"速度是总路线的灵魂"。于是盲目求快就压倒一切，刚开始起步的杏林工业区建设也难免受到影响。

厦门市委、市人委高度重视杏林工业区的建设进程。市委第一书记袁改、市长李文陵经常深入工业区听取汇报，解决问题，同时授予杏林工业区相应权力。厦门市各有关部门的领导也经常来到杏林工地现场，帮助解决生产、生活方面存在的问题。

同安县和郊区对工业区的发展也做出积极贡献，派出大量民工支援土石方开发。郊区还在灌口公社黄庄大队设立蔬菜基地，保证供应蔬菜禽蛋等副食品，同时协助处理工农矛盾，帮助解决所属各社队的住房问题、职工孩子入学问题，对工业区的建设发挥了重要作用。

途经杏林的集美至灌口公路在1957年通车，为工业区运输建设物资和生活物资提供了交通保障。

杏林工业区党委实施全面统一领导。他们提出"边设计，边施工""边建设，边生产""先生产，后生活"的方针。虽然这一方针有很大的片面性，但在当时的历史条件下不失为权宜之计。筹建处一成立就立即着手招收、培训岗位技术工人,民工一进场就开始平整土地,这些都为企业建成投产加快了速度,在较短的时间收到良好的效果。

杏林工业区党委对施工管理实现高度集中统一,坚持各工厂工程进度统一安排,开展大协作、大统一,有效保证了重点工程的建设。

工业区党委将当时的“大跃进”背景下,全国热火朝天建设的宣传教育与经济建设结合起来,广泛开展以技术革新为中心的竞赛活动,组织岗位技术练兵,召开群英会、现场讲评、打擂台等“比学赶帮超”活动。

工业区党委在职工中既提倡自力更生、勤俭建国,也强调苦干加巧干,经常推动各个单位的先进典型,公布劳模榜,在全区范围给予表彰,把更优秀的同志树立为标兵,号召大家向他学习。这些做法极大地激发了广大干部群众革命英雄主义斗志和无私奉献精神,推动了施工的进度和建设质量。

1959 年 8 月 14 日,中共厦门市杏林工业区党委改名为中共厦门市杏林工业区工作委员会,厦门市杏林工业区建设委员会改名为厦门市人民委员会杏林办事处。

1959 年 8 月 23 日凌晨,厦门遭遇一场前所未有的特大台风正面袭击,下暴雨又赶上天文大潮,杏林湾畔的工业区首当其冲,草棚全部倒塌,船只大都受损,部分工程暂停,还有不少同志不幸遇难。

大灾面前,杏林工业区工委召开紧急会议,即刻提出

“战胜风灾，夺回损失”的号召，广大职工擦干泪水，振奋精神，冒风雨、顶酷暑，日夜奋战，不到半个月，工棚林立，被暴风雨破坏的设备器材又运转起来，一派热气腾腾的景象。

杏林工业区上马期间，也正是全国工业普遍开花时期，建筑材料、生产设备等物资都极其紧张。如果所有项目都在同一时间齐头并进，就与当时的财力、物力、人力产生突出的矛盾，势必造成什么都上，什么都上不去的严重后果。杏林工业区的党委和建委按照集中力量、保证重点的基建方针，根据轻重缓急、可能与需要相结合的原则，具体安排基建计划。1959 年提出“一电二纺三玻”，依次建造火电厂、纺织厂和玻璃厂。1960 年确定糖厂为“重点中的重点”，都取得较好的效果。

工业区的领导班子认真做好施工现场的组织工作，划分几个施工片区，把建设单位和施工单位聚集在一起，统一调度，通力合作，加快了建设速度。

1959 年 10 月 1 日，总投资 1400 万元，建设 5 万纱锭的厦门棉纺织厂基本建成并试车生产，向国庆 10 周年献礼，这是当时福建全省第一家大型纺织企业。

1959 年 11 月 2 日，厦门第一化学纤维厂从厦门大学迁入杏林工业区。1960 年年初建成年产 20 吨尼龙单体、15 吨尼龙-11 的生产车间，当年 4 月投产，并且首次成功试制蓝色尼龙(锦纶)丝，后被纺织部选送出国展览。

在杏林火电厂的施工现场，筹备处和土建单位、安装单位组成一个紧密配合的指挥部,仅用 108 天就建成一座装机容量 6000 千瓦的火力发电厂。1959 年 12 月 27 日,杏林火电厂投入运转,供电量占当时厦门全市用电量 85%左右,创造了全省电力系统建设速度的新纪录。当时的杏林火电厂是福建三大火力发电厂之一。

1960 年下半年,厦门市委派出书记处书记王凤先驻点杏林,协助工委的工作。市委、市人委坚信杏林工业区工委和杏林办事处的工作能力,支持并授予其较多自主权。

到 1960 年年底前后,杏林工业区的基建投资总额达 6423 万元,建设项目 37 个,其中大型 3 个、中型 4 个、小型 30 个,有 28 个项目已基本建成投产或部分投产,并有一批产品问世。其中包括 1959 年 11 月建成第一期日供 8 万吨生活用水的自来水厂;1961 年年初,位于杏林内茂的厦门糖厂基本建成并试生产;年产 12 万吨原盐的马銮盐场外堤工程也在 1960 年建成。

1961 年 12 月 29 日,厦门综合玻璃厂年产 1000 吨高级玻璃纤维的拉丝车间基本建成并部分投产。1962 年 1 月 2 日,厦门糖厂正式榨糖投产,在第一个榨季中,日榨 2000 吨甘蔗。糖厂除了生产“杏花牌”白砂糖之外,还利用蔗渣、废蜜生产纸张和原料酒等产品,后来还生产水泥、柠檬酸、煤渣砖等综合利用产品。

1960 年正式投产的厦门冶炼厂主要生产金红石型的二氧化钛,它是一种重要的白色颜料和瓷器釉料,广泛应用于涂料、油漆、油墨、塑料、造纸、化纤、橡胶、化妆品等行业。

为了配合工业区的建设,杏林火车站在1959年进行扩建。同年,贯连杏林与集美的集杏海堤拓宽工程如期竣工,工业区内道路建设、航道疏浚和生产生活所必需的配套建设也相应地陆续跟上,工业区工作也由集中全力抓基建转变为一边抓基建,一边抓生产。

从1958年到1961年,杏林就在短短的三年时间发生了翻天覆地的变化。丘陵变成平地,田野披上新装,一座座工厂、一幢幢楼房相继崛起,崭新的机器在开动,高大的烟囱在冒烟。一个拥有20多家省市大中型国营企业,形成了纺织、化工、建材、电力、冶炼、制糖等现代工业基础的厦门的卫星城镇正在形成。1959年年底,楼高6层的杏林工业区行政办公大楼在杏林东路竣工落成,并投入使用。

伴随着杏林工业区的建成,职工及其家属的生活设施也随之健全完善。在工业区内,建有百货商店、白泉菜市场、工人俱乐部、职工医院、职工宿舍、新华书店、篮球场、电影院、国营饮食店、幼儿园和小学等等,为了满足职工及其家属的休闲需求,工业区还建有杏东公园、高浦游泳池。

杏林,作为中国沿海开放城市厦门现代工业的发祥地被载入史册,这是杏林人民的骄傲,也是集美人民的骄傲,更是厦门人民的骄傲!

受到杏林工业区“大跃进”所取得的巨大成果的鼓舞,厦门郊区响应中共中央提出的人民公社必须大办工业的号召,各人民公社在原有农业生产合作社集体副业的基础上,筹建起了一批社办企业,如碾米厂、酒厂、酱油厂、面粉和米粉加工厂等等。各个公社还设立了工业科来抓生产管理。

1958 年 6 月,郊区工委将灌口镇鱼孚村几间民房改造为车间,建成集美郊区农械厂,这是厦门郊区所属的第一家国营工业机械厂,起初只生产犁头、脱谷机、锅鼎、铁铲等农具和生活用具,70 年代开始生产机耕船、饲料粉碎机、手扶拖拉机等农业机械。

1959 年,后溪人民公社成立后,在后溪大队浦边社兴建了小水电站,办起了农械厂。

第　四　节

人民公社红旗猎猎　全民炼钢炉火熊熊

1958年8月上旬，“大跃进”运动正在全国如火如荼地开展，毛泽东主席视察了河南省新乡县七里营人民公社和山东省历城县北园乡，表示“还是办人民公社好”。于是“人民公社好”的口号迅速传遍全国。中央政治局扩大会议随即在北戴河召开，会议做出了《关于在农村建立人民公社问题的决议》，认为这是“指导农民加速社会主义建设，提前建成社会主义并过渡到共产主义所必须采取的基本方针”。这次会议把“大跃进”和人民公社化迅速推向高潮，以高指标、瞎指挥、浮夸风、“共产风”为主要标志的“左”倾错误严重地泛滥开来。

9月10日，《人民日报》发表《中共中央关于在农村建立人民公社问题的决议》，仅仅一个星期，厦门市郊区第一个农村人民公社——灌口人民公社于9月16日宣告成立。集美的贫下中农为厦门全市、同安全县树立了一个人民公社的样板。

灌口人民公社由原来的灌口、前场等4个农业社合并而成，管辖鹰海、前场、锦亭、三李、旗山、上塘、坑林、陈井8个农业生产大队，全公社有6911户，30515人，7300

多个劳动力,耕地面积 53108 亩,山林面积 8000 多亩,牡蛎养殖架 3 万多堆,滩涂 1 万亩,红树林 5000 亩,海上捕捞大小渔船 250 多艘,5 吨以上运输木帆船 13 艘。

人民公社是"政社合一"、"一大二公"和工农商学兵"五位一体"的政治经济体系,它成立之后,原先乡的建制和乡公所不复存在,改成生产大队。

在灌口人民公社成立庆祝大会现场,红旗招展,锣鼓喧天。郊区领导曹守义等人高度称赞了人民公社具有强大的生命力和无比的"优越性",指出它是实现"共产主义","按需分配"的重要组成部分。灌口公社社长林水枞当即表示,成立公社是为了更快地发展生产,他极其跃进地提出"晚稻每亩平均 3500 斤"的高产口号,放出一个更新、更高的"卫星"。

在"浮夸风"的影响下,早在 1958 年 6 月底,灌口农业社塔山边生产队就声称它的试验田创造了"亩产水稻 852 公斤"的所谓"高产纪录"。灌口公社成立后,各个生产大队竞放"高产卫星",掀起了集美农村"大跃进"高潮。

10 月初,厦门市灌口人民公社委员会成立,下设组织、宣传两个科,组织科配有一名专职监察干部。灌口公社党委领导了公社机关、企事业,属地的学校、医院、粮站、供销社和 8 个农业生产大队共 14 个党支部 153 名党员,全面实现了党在农村更加坚强的核心领导。由全体社员代表大会选举产生的灌口人民公社管理委员会也随之成立,下设监察(行政)、农业、财粮、民政、侨务、工交、文教、治安8个专门委员会，设置农业、商业、工交、水利、水产、文教、财粮、内务劳动、武装保卫9个科室，一个办公室和一个计划委员会，分管公社各项事务。灌口公社管委会还领导共青团、妇联、侨务和武装部等公社单位，并拥有65个小型工厂和供销部、信用部、红专大学、托儿所、妇产院、文化馆、幸福院等机构。

1959年6月，中共灌口镇委员会改称为中共灌口人民公社委员会，首任公社党委书记郑岸水、副书记林水枞。1961年12月，中共灌口区委员会成立，下辖三李、旗山、前场、侨英、海山、东孚6个小人民公社党委，区党委书记许天月、副书记蔡三笔。

厦门市郊区工委根据"党管干部"的原则，按照群众选举，上级任命的方法，调配和任命了46位干部(其中中共党员31人，有12人原属国家编制的干部)到灌口人民公社不同的岗位工作。紧接着，厦门郊区先后建立了前线、东孚、后溪和海沧4个人民公社，加上灌口人民公社，5个人民公社共有27028户农民参加了公社，占农户总数99%以上。

"一大二公"是人民公社的特点，即公社规模要大，公有化程度要高。原先十几个经济条件、贫富不同的合作社合并之后，一切财产上交公社，多者不退、少者不补，在全社范围内统一核算、统一分配，甚至社员的家畜、果树都被收归公社所有。

人民公社是比高级农业合作社范围更大、人数多出几倍甚至十几倍的集体组织。公社可以在更大的范围内对其劳动力和生产资料做统一的安排和调度;社内工农商学兵互相结合,统一领导,使得公社可以大力发展小型工业、大办文教事业。公社初期普遍创办了公共食堂、托儿所、幼儿园、敬老院等集体福利事业,使得劳动力得以集中调配。

人民公社化初期带有浓厚的平均主义和军事共产主义色彩,它否认了人民公社之间,特别是公社内部原来各个高级农业生产合作社之间的经济差别,否认了按劳分配和等价交换的原则,实际上就是搞"一平二调",即平均主义,无偿调拨各集体经济组织的生产资料、产品、劳动力和资金。公社还实行工资制和供给制相结合的分配制度,不仅"吃饭不要钱",而且"取消粮食定量,保证吃饱,有啥吃啥",实际上在个人消费品的分配上实行绝对平均主义,严重挫伤了农民群众的生产积极性,破坏了集体所有制的巩固和发展。

公社还强调生产自给,努力扩大公社内部的产品分配。农村原有的小商小贩、集市贸易甚至家庭副业都被作为"资本主义尾巴"加以取缔。不少干部认为商品交换越少,越接近共产主义社会,主张社员的衣食住行、生老病死、男婚女嫁所需费用都由公社供给。这种带有浓厚的平均主义和军事共产主义色彩的措施,很快就衍生出各种问题。

人民公社在实行劳动集体化的同时,还大力推行组织军事化、行动战斗化、生活集体化，模仿军队将劳动力编制成班、排、连、营，采取大兵团作战的方法，集体从事工农业生产，动辄夜以继日、连续作战。灌口公社、后溪公社都组织了突击连、突击排，专门负责完成最艰巨的任务。

公社成立之时，正是大炼钢运动的高潮时刻。公社的成立，为当时的大炼钢运动无偿调动大量的人力、物力，提供了强大的组织保证。郊区各个人民公社立即利用公社劳动集体化和行动战斗化的“优势”，组织了大批社员投入钢铁战线。

10 月 6 日，厦门市委召开全党全民炼钢动员大会，号召立即掀起“处处炼钢，人人炼钢”的全民性炼钢热潮，要求各机关、学校、工厂、商店及时采用各种土办法炼钢，做到“人人动手，遍地开花”。随后，包括集美在内的厦门全市人民都进入炼钢运动的高潮。

广大群众集思广益，创造了各种各样的炼钢炉型，“小高炉、土法炼铁、群众运动”和“土洋并举”得到了全面推广，以至于集美中学的工友在煮饭的炉子里也能炼出所谓的钢铁。

1958 年 10 月，正值秋收时节，灌口公社调动了 5000 名青壮年的劳动大军从事大炼钢运动，结果导致大面积的农田缺乏劳动力，许多成熟的晚稻无法收割入仓，造成相当大的浪费，以致来年的粮食供应严重不足。

在“以钢为纲”的全民大炼钢铁的热潮中，厦门市委对杏林工业区提出了炼钢和基建同时并举的方针。工业区各级领导一手抓钢,一手抓基建,组织全区工人、干部、学徒投入大炼钢铁运动。他们贯彻执行“小土群”方针,各厂普遍建立了炼钢的组织,有的成立钢铁指挥部,以民兵组织为基础建立炼钢连、炼钢排;有的成立钢铁办公室,在各个工地建立炼钢小组,总计各厂在运动中,共建立12个炼钢组,参加炼钢的有7420人。

从10月15日投入炼钢至11月15日全市炼钢高产日为止,各厂制造的有坩埚81个、鼓风机25个、风箱22个;共修建了各种大炉型267个,其中冲天炉128个、反射炉36个、坩埚炉45个、砂钢炉9个、土炉40个、锻打炉9个;共炼出各种碳素钢16.78吨,其中水厂、糖厂、纺织厂、纯碱厂、电解食盐厂、丝绸厂、化纤厂、建委均有不同产量的碳素钢。另外,在群众大炼钢运动中,还拣拾了矿石50多吨,捐献了废铁3838公斤,焚烧了木炭30吨,基本上完成了上级规定的任务。

集美学村也积极响应“全民炼钢铁”的热潮,航海学校成立了“炼钢办公室”,创办了《炼钢快报》,还联合其他5个单位合办了“集美钢铁厂”,建起了各种土高炉。师生们苦战不息,也炼出6吨所谓的钢铁。

虽然全民大炼钢只持续一个多月的时间,但它留下的后遗症相当严重。除了农业秋收的指标落空之外,为了获取炼铁的木炭,灌口西部山区大片的原始森林遭到相当程度的乱砍滥伐,造成严重的生态破坏。由于厦门缺乏高品质的铁矿砂资源，炼铁的各种小高炉也缺乏科技含量，所炼出的钢铁没有什么实际用途。杏林工委也承认“炼出的钢还没有变成有用的器材”，甚至建议“对炼钢用的各种炉型除适当保留一部分好的炉型以外，应结合打扫环境卫生，把应拆的拆掉”。这种全民大炼钢也对正在进行初建的杏林工业基地造成了计划延误、财产与物资的损失。

当时正值“大放卫星”的“浮夸风”时代，尽管全民大炼钢铁存在很多问题，厦门却不断提出一个比一个高的钢产任务，力求放出“卫星”，不断促使钢铁生产“跃进，再跃进”。到 11 月 25 日，厦门市的报纸声称钢的日产量达到 954.76 吨，结束了手无寸铁的历史，厦门成为可能日产近千吨钢的城市，被誉为“英雄岛上升起红色卫星”。福建省委为此专门发来贺信表示祝贺。

折腾整整一个多月的“以钢为纲”大炼钢铁运动，强调了“多、快”，不见了“好、省”，造成物资、财产的浪费，工伤事故频发。最后还是回到现实中来，压缩战线，保证重点。

到 1959 年，“大跃进”对国民经济的冲击，所造成的弊端越来越明显地暴露出来。年初，杏林工业区原计划完成 6499 万多元的投资，共 18 个项目，到了 8 月份，因物资供应紧张，中央和福建省经过反复修订，确定投资额为 2728 万元，年度计划缩减超过 50%。尽管如此，上半年也仅完成 608 万元，杏林工业区建设形势依然严峻。

1957 年 3 月 30 日,中共厦门市郊区工作委员会(简称郊委)和厦门市人民委员会郊区行政办事处(简称郊办)同时成立。厦门郊区管辖厦门岛内的禾山乡和岛外的集美镇、后溪区、灌口区,政区面积 443 平方千米,郊委和郊办起初利用位于高崎的高集海堤工程指挥部办公,原灌口区公所和禾山区公所仍继续运作。1958 年 5 月,灌口区公所和禾山区公所的人员和财物一起集中到高崎正式办公。同年 8 月,海澄县的海沧、新垵两乡划入厦门郊区,辖区面积增至 524 平方千米。

由于集美侨乡在“大跃进”和人民公社化时代洪流中,成为厦门郊区最大亮点所在,因此,1958 年 9 月,郊委和郊办两套领导机构同时迁入集美镇。从此,集美镇成为厦门农村建设与发展的指挥中枢将近 30 年。后来,厦门郊区各个乡镇陆续改为人民公社,各行政村改为生产大队。

1958 年初秋开始的人民公社化运动迅速席卷全国,虽然当时集美镇还有 900 多亩的耕地,凭着中央给予侨乡的特殊政策,依然保留高级农业生产合作社,直到 1960 年 2 月 28 日,集美才成立人民公社,下设农场、蔬菜场和水产养殖场 3 个生产大队。集美学校委员会主任陈朱明兼任公社社长。

但是集美人民公社成立后,并没有“政社合一”,而是采取灵活措施,继续保留镇的建制。集美镇人民委员会和集美人民公社两块牌子挂在一起,人们仍然习惯称集美镇。还不到两年，1961 年 11 月，集美人民公社被撤销，继续保留集美镇。集美人民公社原先所属的 3 个生产大队分别与 3 个居民委员会并存。生产大队管农渔业生产，也办些农业，但它与农村的生产大队不一样，不具有行政权，仅仅是经济组织，居民委员会则按照其职能办事。生产大队与居民委员会一起合建中共党支部。

为了安置下放干部和部分坂头水库的移民，1958 年 4 月，厦门市决定在后溪公社中北部创办市属国营第二农场。经过数年开垦，到 60 年代中期，全场耕地 3676 亩，其中水田 2002 亩，园地 497 亩，宜林地 839 亩。除粮食作物外，1974 年以前以种桑养蚕为主，1975 年后改种剑麻。场办有棕绳厂、榨油厂、石料厂、碾米厂、机修厂、酱油厂等小企业。

1961 年，厦门市侨务局在后溪公社英村大队港头村的杏林湾北岸围垦造田，开办机关农场，侨务系统干部、职工分批轮流来此劳动。1963 年 10 月改为接待安置东南亚排华难侨的农场，改称福建省天马华侨农场，下设一个生产队和一个畜牧队，直属国家侨务部门，日常工作委托厦门市侨务部门代管。农场后来还开办了奶牛场、米酒厂、碾米厂和人造花厂。

第　三　章

艰辛探索曲折发展
动乱年代风雨同舟

第一节
共体时艰扩大社员自主 调整经济压缩基建规模

“大跃进”和人民公社化期间，为了实现“卫星”高产指标，厦门郊区曾经盲目推广了农业技术十条。其中主要有高度密植农作物，结果庄稼没有足够的光照，反而减产，由于秧苗缺乏，有的农田不得不抛荒；深挖土层导致了土层被打乱，肥料跟不上，对这种农田的灌溉既费劳力又耽误季节；再者就是不顾农业生产的复杂性，实行统一思想、统一规格、统一行动时间的集体劳动。此外，劳力抽调太快太多，特别是全民大炼钢铁，造成农业劳动力严重不足，从而影响当年秋收。

这些全国范围的做法违背了客观经济规律，造成国民经济严重失衡，社会生产力遭到严重的破坏，挫伤了人民群众的生产积极性，加之自然灾害的影响，从 1959 年开始，持续到 1961 年，全国的国民经济面临极为严峻的困难。

在严重的粮食短缺面前，厦门市不得不压缩和降低干部职工粮食定量供应标准，对肉类鱼类等主要副食品实行凭票供应。集美各村社也不例外，生产和生活物资极度匮乏，人民生活水平大幅下降。在“低标准，瓜菜代”的口号下，人们想尽办法，赶紧种植瓜菜，大搞代食品，将豆粕、浒苔、菜叶、番薯藤、单胞绿藻收集起来加工成食品。滨海的群众到滩涂上捡拾蛤贝、鱼蟹等海产，山区的群众挖掘野菜、采摘野果，只要能够糊口的东西尽量收集起来吃。尽管如此，人们依然普遍营养不良。

此前，福建省委书记叶飞采纳了厦门市委根据闽南地区气候温和，提出在秋收之后允许农民自行栽种蔬菜或杂粮的建议，这一独特做法后被称为“自由一季”。从1958年起，厦门郊区各公社的社员在晚稻收割之后，来年的早稻插秧之前，就在农田栽种番薯、小麦和蔬菜，所获得的农产品可由社员自行支配。正因为有这么一种后来被批为“走资本主义道路”的特殊做法，所以厦门全市在这段时间的饥荒程度比其他地方稍微轻一点。经过这场教训，人们初步认识到“一大二公”“一平二调”的人民公社体制确实存在某些弊端。

1958年11月，毛泽东主席提议并主持召开了第一次郑州会议，提出要压缩空气，纠正高指标和公社化时期“左”的错误。

根据党中央和福建省委的指示精神，1959年1月下旬，厦门市开始对人民公社体制进行整顿，由厦门市委第一书记袁改亲自挂帅，各级党委均成立整社办公室，从机关、部队和公社抽调848名脱产干部组成整社工作团，分别深入到各公社、生产队协助和指导整社工作。

1959年2、3月间,中共中央政治局扩大会议在郑州召开,即第二次郑州会议。会议在高度评价了人民公社兴起的同时,指出人民公社目前基本上仍然是集体所有制的经济组织;商品交换不但不能取消,而且必须有一个很大的发展;规定社员个人所有的生活资料永远归社员个人所有。毛泽东在会上就如何整顿和建设人民公社、遏制"共产风"提出了基本政策:"统一领导,队为基础;分级管理,权力下放;三级核算,各计盈亏;分配计划,由社决定;适当积累,合理调剂;物资劳动,等价交换;按劳分配,承认差别。"

会后,全国普遍开始了人民公社的整顿工作。厦门郊区根据省委、市委的指示,从3月份开始,就按照分级管理、三级核算、等价交换、按劳分配的原则,进行管理体制的建设,规定"基本核算单位在大队,因此要以大队作为我们考虑的着眼点,农村人民公社要以农林牧副业生产为重点"。公社的组织形式是党委会,大队设立党总支或支部;公社实行政社合一,设置管委会,基本核算单位大队设置队委会。

集美各公社、各生产大队根据实际情况和社员的意见,纷纷停办"大锅饭"式的公共食堂,取消家务劳动社会化和生活集体化这些不合适的做法。

郊区各公社根据中央和省委的指示精神,于1959年1月下旬开始进行整顿巩固工作,主要是分清核算单位的经营管理权限，各农村人民公社随即开始了算账工作，以便把公社和基本核算单位的往来账目划清楚，解决“一平、二调、三收款”中的“共产风”问题。对国家、集体和社员之间，大集体和小集体之间的账，都认真、迅速、彻底地算；并采取“边鸣放、边算账、边公布、边兑现”的办法，对于算清的账目按照实际情况和账目性质立即付还或分期清还。

整社后的公社，核算基本单位在大队，生产队是包产单位，是组织生产和社员的基本单位，生产队向大队包工、包产、包成本，实行全奖全赔责任制，或者按比例负担损益。经过这次整顿，到1959年底，厦门市共有公社13个，基本核算单位193个，包产单位1874个。厦门郊区有前线（原禾山）、集美、灌口、海沧4个公社。

根据厦门市人委的规定，允许郊区公社的社员饲养猪、牛、羊、鸡等家禽家畜，其收益全部归社员所有；允许社员在集体劳动之余，在溪边路旁开垦零星闲散土地，作为自留地，其收益全部归社员所有，不征公粮，不派购任务；社员在自家房前屋后栽种的果树、竹子、蔬菜，仍归社员所有。

1959年6月中旬，厦门连日暴雨，当年早稻减产，可是征购任务反而增加，使得集美农民的家庭存粮严重不足，一些公社干部滋生出抵触情绪。

1959年，“八二三”特大台风给厦门人民带来巨大的人员和财产损失，紧接着，8月29日和9月4日，又有两次强台风再度袭击厦门。三场自然灾害使严重困难的集美农村经济雪上加霜。

厦门市委第一书记袁改亲自挂帅,党政军民全力以赴投入防风抗灾,全市共动员35万人抢修海堤,集美区境各公社的干部、社员和学生,杏林工业区的干部职工纷纷投入这场抗灾自救斗争。随后,各生产大队根据郊区工委的指示,及时补种晚稻、秋豆、番薯等农作物,抢收能够收获的庄稼。到9月上旬,绝大多数农作物长势转好,避免了秋收较大幅度减产,对缓解来年粮食危机起到积极的作用。

1959年下半年,全国开展了“反右倾,鼓干劲”运动。后溪是当时全区唯一没有公路通往郊区党政领导机关驻地的人民公社。公社领导为响应号召,决定修筑一条通往集美的公路。

1960年初,正当修筑孙厝经后溪至坂头的孙坂公路的计划准备付诸实施的时候,郊委书记曹守义决定将后溪人民公社的兑山、浒井、孙厝、叶厝、凤林、东安6个生产大队划归集美人民公社。因此,孙坂公路就由这两个人民公社共同修筑。

后溪公社社长李振和亲自挂帅负责公路修筑,他遵照公社党委的意见,把公社境内的路段分成若干小段,任务分配给各生产大队包干。由各生产大队再将任务分给各生产小队包干,也有的是统一指挥,共同施工。集美公社负责修筑的路段是从孙厝到英埭头东边与后溪公社负责修筑的路段衔接，这项任务由副社长陈甲团负责组织落实。公社办公室主任李来加被派驻到浒井大队，具体负责现场指挥，擅长测量技术的陈肇基为工程技术员。

孙坂公路在修筑过程中，没有得到拨款补助，完全依靠农村集体经济的财力、物力和广大社员的双手苦干。经过一年的奋战，这条公路修筑完成，一度成为厦门重要的战备公路。公路修筑任务达成后，前面所述的兑山等6个生产大队复归后溪人民公社。

鉴于国民经济比例严重失调，市场供需矛盾加剧，物价大幅度波动，国民经济的发展陷入极为困难的局面，中共中央于1961年1月召开了八届九中全会，决定根据“调整、巩固、充实、提高”的八字方针，对国民经济实行适当调整。

厦门市委和市人委坚决执行党中央的指示，对全市的国民经济进行全面调整，重点是压缩基本战线、压缩重工业的生产，更好地贯彻以农业为基础，以农业生产为中心的方针，努力做到各项指标既积极可靠又留有余地，使部门之间平衡衔接，以保证国民经济的发展。

厦门市委决定对杏林工业区的工作按照轻重缓急排队，糖厂、纯碱厂、化纤厂等部分工厂实行暂时停保，停保工厂只保留一些小机构，处理一些业务，其余人力、物力去支持仍在上马的项目。为了压缩重工业和一些原材料有困难的企业，关闭了已经停产的杏林铁厂等多家企业。“坚决下是为了坚决上”，目前被迫缩短战线是为了今后更好的发展。杏林工业区虽然在“大跃进”运动的巨大冲击下,走了一段弯路,但经过经济调整,回到了现实中来,压缩基建规模,保证重点建设,最终回到了比较健康的发展道路上。

在60年代初调整经济时期,中共杏林工业区工委在职工中积极提倡自力更生、勤俭建国精神,强调苦干加巧干作风。工委书记王允晓、副书记姜锡章等领导经常抓住各单位的先进典型,在全区范围内予以宣传,将表现突出的同志树立为标兵。这些活动的开展,特别是围绕突出的生产关键,开展技术革新和技术革命,对于改革工具,改进操作方法,减轻笨重体力劳动强度,提高机械化、半机械化程度都起了很大的作用,从而大大提高了劳动生产率,也促进职工努力钻研技术,锻炼和培养壮大科研队伍。

由于当时的社会状况和经济条件,杏林工业区不可能再发展新的项目。1964年4月23日,中共杏林工业区工作委员会被撤销,设立中共杏林镇委员会,与杏林公社一起划归厦门市郊区。5月16日,杏林镇人民委员会成立。首任杏林镇党委书记张彦深,首任杏林公社党委书记陈新智。

1961年3月,毛泽东主席主持制定了《农村人民公社工作条例(修正草案)》,即“农业六十条”。中共福建省委提出了八条补充规定,开始了农村的经济调整工作。

中共厦门郊区工委书记曹守义召开各公社负责人会

议，讨论和贯彻党中央和省委调整农村经济的做法。广大干部群众认真吸取共产风、浮夸风、强迫命令风、生产瞎指挥风、干部特殊风这“五风”的惨痛教训，大兴调查研究之风，实事求是，提倡科学种田。不仅大力推广良种，保证每个生产队都建有种子田，还改造滨海和靠山的低产田，扩大耕地面积，推广新的耕作技术。

社员们根据各种农作物生长的规律和特性，推行农作物合理轮种、间种、套种和连种、水旱轮种技术。公社组织开展群众性的积肥运动，大积农家肥、土杂肥、推广绿肥，以保证农业增产所必需的肥料，同时加强病虫害的预防、预报、预测，科学进行植物保护工作，保证农作物的正常生长。

郊区工委贯彻市委、市人委号召的“以粮为纲，多种经营、全面发展”的精神，执行“以农为主，以副养农，综合经营”的方针。各人民公社与本区域内的第二农场、天马山种猪场、天马华侨农场等国营单位密切合作，发动社员增养生猪，有条件的生产队也积极发展集体养猪或实行“公有私养”，使畜牧业逐步恢复和发展；渔业生产则实行海水和淡水并举、养殖和捕捞并举、国营和集体并举的方针，因地制宜，多种经营，使渔业生产保持较好的发展势头。

郊区工委在兴修水利基本结束之后发动各公社的3万民工，大家开动脑筋因地制宜，为了节约木材和其他建设材料，挖掘窑洞用来养猪，或堆土夯土围成名为“汽车坞”的猪圈。灌口公社牧场 160 名职工，仅用 3 天时间就挖出 101 个“汽车坞”和山洞，可以养猪 303 头。虽然生猪存栏总数大增，但由于饲料严重缺乏，未按科学方式饲养，导致生猪不断生病死亡，市场肉食供应日趋紧张，人们再次受到客观规律的惩罚。

根据厦门市委、市人委和市商业部门提出的“发展生产、繁荣经济、城乡互助、内外交流”的方针，厦门郊区改进了商业管理体制，在继续加强国营的同时，恢复农村供销合作社，发展农村集市贸易，恢复公私合营的商店，变单一流通渠道为多条流通渠道，从而繁荣了城乡经济，促进城乡互助交流，社员们也通过销售自己副业的生产品而增加了收入。

到了 1962 年下半年，除了杏林工业区的基建工程继续压缩外，集美城镇居民和公社社员结束了“低标准，瓜菜代”的生活，陷入低谷的农村经济开始呈现了生机，人民生活终于走出低谷，初步实现了国民经济调整的目的。

第　二　节
社教运动突显阶级斗争
抗旱救灾学习龙江精神

中共八届九中全会召开之后，全党上下与人民群众同甘共苦，克服困难。经过两年多的努力，到了1963年开春，我国国民经济明显好转。但是在经济发展问题上，特别是阶级斗争问题上，“左”的错误指导思想并没有从根本上纠正。

1962年9月，中共八届十中全会在北京召开。在讨论中国国内的阶级和阶级斗争问题时，毛泽东把党内的分歧当作是阶级斗争的反映，把他所不同意而实际上是比较符合客观实际的一些意见，看成是右倾机会主义即修正主义的表现，斥责为“黑暗风”、“单干风”和“翻案风”。在修改八届十中全会公报时，毛泽东加写了一段话，强调“在无产阶级革命和无产阶级专政的整个历史时期，在由资本主义过渡到共产主义的整个历史时期，存在着无产阶级和资产阶级之间的阶级斗争，存在着社会主义和资本主义两条道路的斗争”。后来，这个论断在“文化大革命”中被确定为“我党在整个社会主义历史阶段的基本路线”。

为贯彻党的八届十中全会精神,中共福建省委于10月15日至11月12日召开全省工作会议。在“左”倾错误思想指导下,会议一边倒地批判前两年调整经济时期让社员承包集体农地的包干到户做法,斥责其为破坏人民公社集体经济的“单干风”,把厦门郊区在内所出现的“自由一季”的做法批判为“走资本主义道路”。随着对包产到户的批判不断升级,从上到下对阶级斗争的形势估计也越来越严重。

八届十中全会后,中共中央决定在全国城乡发动社会主义教育运动,开展大规模的阶级斗争。社会主义教育运动在农村以“四清”(清理账目、清理仓库、清理财务、清理工分)为主要内容,所以又称“四清”运动;在城市,主要开展“五反”(反对贪污盗窃、反对投机倒把、反对铺张浪费、反对分散主义、反对官僚主义)运动。

1963年2月,毛泽东提出“阶级斗争,一抓就灵”的错误论断,给全国范围的社会主义教育运动指出了极左方向。

1963年1月,在厦门农村社会主义教育运动已经开展起来的同时,中共厦门市郊区工委发出了《关于开展以社会主义教育为中心的整社运动的工作意见》,内容是社会主义教育和检查,并贯彻执行《农村人民公社工作条例(修正草案)》,力图通过运动澄清广大干部群众的思想,进一步认识“当前大好形势、明确方向,坚定走社会主义道路的信心和决心,从思想上、政治上、组织上来促使人民公社集体经济的进一步巩固和发展，树立爱国主义、社会主义、集体主义的思想观念，正确处理国家、集体、个人三者之间的关系，充分调动广大社员的集体生产积极性，掀起新的生产大高潮”。

厦门市委抽调一批干部组成了社教工作组，直接到各公社各生产大队，与群众同吃、同住、同劳动，与群众深入交谈，以便掌握可信的材料。

以“四清”为主要内容的社教运动在厦门郊区各个生产队普遍开展起来。最先是各个公社做好材料准备和干部训练工作，广泛向群众开展宣传教育；组织社员讨论，达到“统一认识、提高政治觉悟”的目的。半个月之后，公社组织干部和群众学习《中央关于进一步巩固农村人民公社集体经济、发展农业生产的决定》和《农村人民公社工作条例（修正草案）》，检查政策贯彻情况，端正生产队干部和社员的思想，正确处理大集体和小集体的关系，教育社员树立以社为家的思想，积极办好集体经济。学习时间持续半个多月，然后是整顿基层组织，建立健全各项制度，做好整社运动的总结工作。

作为福建省社教工作重点单位的厦门郊区，各个公社先后召开党员代表大会，改选了公社党委会，刘文恚任三李公社党委书记，张木生任旗山人民公社党委书记、陈忠义任前场人民公社党委书记，李振和任侨英人民公社党委书记。

1964 年 5 月，中共灌口区委撤销，改为中共灌口人民公社委员会,首任党委书记曾华助。各生产大队的党员也迅速开会改选了大队党支部。

为了深入推动社教运动,灌口公社召开社员代表大会,改选了公社管理委员会;新组建的党支部纷纷主持召开社员会议,改选了生产大队管理委员会,同时整顿了共青团、妇女、民兵等组织,建立健全各项工作制度。

这场"四清"运动,处理了一批违法乱纪的干部。身为郊区主要负责人的曹守义由于犯了严重的生活错误,在群众当中造成不良影响,1963 年 5 月,中共厦门市委认定曹守义属于"四不清"干部,撤销他的厦门郊区工委书记职务,由郊区工委副书记高靖主持全面工作。

社员群众在"四清"运动中通过爱国主义教育和守法教育,提高了思想觉悟。杏林公社前场大队柿树第二生产队原来准备将集体的活鱼拿到自由市场卖高价,通过学习,认识到这是犯了路线上的错误,于是把鱼全部卖给国家。杏林公社内林大队第十生产队 17 户全年本来应该完成交售家禽 34 只,以前没有完成,通过教育,一次就交售 48 只。

厦门郊区工委适时地把群众的热情引导到生产中去,结合解决当时生产中存在的问题,落实生产计划,修订劳动定额,健全评工记分制度,以调动社员的集体生产积极性。公社领导力量分为两套班子,一套搞运动,一套搞生产。

1962 年下半年至 1963 年春,闽南地区遭受新中国成立以来少有的秋冬连旱，农业生产受到严重影响。为了不误农时，厦门市委结合社教运动的宣传教育，集中力量大搞生产。动员社员群众广泛开展抗旱抢种和抗旱保苗运动，掀起春耕生产新高潮，确保农业生产好收成。在抗旱中进行社会主义教育，宣传人民公社的优越性，宣传集体力量的伟大，坚定“人定胜天”的意志。

1963 年夏，郊区工委以总结上半年抗旱的成绩入手，进行阶级教育，开展两条道路斗争的思想教育，要求各生产大队先召开党支部会、支部扩大会，然后召开贫下中农会、群众会，层层发动，解决思想障碍。在教育中，依靠贫下中农回忆对比解放前后两个旱年、两种生产、两种生活，特别是组织贫下中农现身说法，控诉在旧社会所受的痛苦，回顾 1947 年大旱灾时自己所受的悲惨遭遇。通过对比，看到集体经济在抗旱斗争中所取得的巨大成绩，澄清各种糊涂思想，增强抗旱的决心。通过学习，提高了农村干部的思想觉悟，他们纷纷表示要多参加集体劳动，少要或不要工分补贴。

毗邻厦门的龙海县（1960 年 8 月，海澄县和龙溪县合并为龙海县）也同样饱受旱灾，整整 8 个月未下一场透雨。中共龙海县委提出了堵江截流，抬高水位的决定。虽然位于九龙江畔的榜山公社洋西大队的 1300 亩庄稼会被淹没，但是可以让全县 11 万亩良田得到充分灌溉。在人与自然、国家与集体的矛盾中，洋西大队以大局为重，坚决执行县委的决定。

龙海全县公社社员,历经七昼夜的奋战,建成西溪拦江大坝,抬高水位后的九龙江水汇入干渠,灌溉了大片良田,保障了当年全县的农业丰收。在这场声势浩大的抗旱斗争中,榜山公社舍小我、顾大局,经过当地报纸和《人民日报》长篇通讯的宣传,"龙江精神"感动了神州大地。

厦门郊区工委立即组织各公社干部、社员学习榜山公社发扬共产主义风格,小利坚决服从大利的"龙江精神",发动公社干部深入基层,参加集体劳动,投入抗旱斗争。将颂扬"龙江精神"的活动与社教运动相结合,对广大社员进行社会主义、集体主义、爱国主义和国际主义教育,以帮助社员掌握社会主义和资本主义的界限。

1964 年 4 月,杏林工业区工委书记王允晓调任厦门郊区工委书记。

1964 年 5 月、6 月间,毛泽东对整个国内政治形势做出更为严重的估计,认为全国有 1/3 左右的基层单位,领导权不在我们手里,而在敌人和他们的同盟者手里。从这个严重估计出发,党中央决定成立"四清""五反"指挥部,抽调大批干部组成工作队到基层去领导社教运动,采取类似土地改革中访贫问苦、扎根串连的工作办法,强调进行"夺权斗争",从而使 1964 年下半年社教运动的"左"倾错误进一步发展起来。

1964 年底至 1965 年,中共中央在北京召开工作会议。毛泽东主持制定了《农村社会主义教育运动中目前提出的一些问题》(简称"二十三条"),"二十三条"片面强调这次社教运动的性质是解决社会主义和资本主义的矛盾，运动的重点“是整党内那些走资本主义道路的当权派”，这就把斗争的矛头集中指向党的各级领导人，从而为后来的“文化大革命”把斗争矛头集中指向所谓“党内走资派”提供了理论依据。

此后，社教运动的“四清”内容变成了清政治、清经济、清组织、清思想运动。由于“二十三条”以“阶级斗争为纲”，许多不同性质的问题都被认为是阶级斗争或者是阶级斗争在党内的反映，混淆了敌我矛盾和人民内部矛盾，使不少干部和群众受到不应有的打击。把前一段时期所做的搞活经济，有利于发展农业生产和改善农民生活的一些正确政策和措施，指责为“资本主义倾向”“资本主义尾巴”，全部给予批判。

1965 年，中共中央提出大力发展农村副业生产的指示，郊区各公社各生产大队结合“四清”运动，开始把铁匠、铜匠、木匠、竹篾匠、弹花匠等俗称“小五匠”的手工业者组织起来，办成为农业生产服务、为农民生活服务的小工厂。小铁匠办起农械厂、小石匠办起石料厂、泥水匠办起修建队，小土窑发展成砖瓦厂。这些社队企业都列入农村副业，当年郊区全区副业收入 133.34 万元，占农村总收入 8.7％。

1965 年春，厦门郊区的社会主义教育运动更加强化了“以阶级斗争为纲”，将“包工到户、包产到户、林业单干、弃农经商”统统视为“两条道路斗争”在农村的反映。

为了便于发动阶级成分好的社员投入“四清”运动,1965年3月7日,厦门郊区首届贫下中农代表大会在集美举行,并成立郊区贫下中农协会筹委会。此后,各生产队都建立了贫协小组。

1965年5月,刘振东被任命为厦门郊区工委书记。新的郊区领导班子坚持树立正面典型,对反面典型进行教育。郊区工委发现后溪公社东埔、岩上大队部分生产队存在着“长期包产到户”现象,立即制止并进行教育处理。

1966年3月2日至5日,郊区工委召开全区四级干部会,围绕“如何摆正政治和生产位置的关系”问题,发动干部讨论,旨在处理好运动和生产的关系,把“四清运动”继续坚持下去。这个时候,曹守义被认定为“走资派、蜕化变质分子”,其党籍被开除。

但是两三个月之后,全国范围声势浩大的“文化大革命”运动取代了“四清”运动。

以“四清”为主题的社会主义教育运动纠正了某些干部脱离群众、多吃多占、强迫命令、欺压群众的不良作风,落实了许多社员关心的问题。在运动期间,厦门郊区领导干部十分注意不误农时,抓好生产,特别是在1963年发动社员投入抗旱斗争,确保当年农业丰收。但是,在“左”倾路线影响下,社教运动倡导“以阶级斗争为纲”,声称运动的重点是整党内那些走资本主义道路的当权派,因而产生不少消极影响。

集美是我国著名的侨乡，这里和厦门郊区其他地方生活着许多归侨和侨眷。为了加强党和政府联系广大归侨、侨眷，搭建祖国与海外侨胞联系的桥梁，同时维护归侨、侨眷和海外侨胞在国内的合法权利和利益，需要成立一个在中国共产党领导下的华侨侨眷社团。

早在 1958 年，郊区就曾经设立厦门市归国华侨联合会灌口分会筹备处。1964 年 3 月，厦门市侨联副主席丘廛兢与郊区行政办事处主任高靖商议成立厦门市侨联郊区分会。郊委、郊办非常重视这一问题，立即指定专人着手筹备。

6 月 2 日，郊区在集美镇召开第一届归侨、侨眷代表大会，高靖代表郊委和郊办在会上做了重要讲话。大会选举产生了厦门市归国华侨联合会郊区分会第一届执行委员会，市侨联副主席丘廛兢兼任郊区首届侨联主席。

郊区侨联成立后，组织归侨、侨眷成立读报小组，向海外乡亲宣传党和政府的侨务政策，推动归侨、侨眷积极投入“支农”活动，参加社会主义建设，发动侨胞、归侨、侨眷为家乡兴办公益事业。同时大力宣传国家保护侨汇政策，积极争取侨汇，积极处理归侨、侨眷来信来访，维护他们的合法权益。

第 三 节

红卫兵运动扰乱时局　造反派蹿起社会动荡

由于中共中央主席毛泽东坚持高度集中的计划经济体制,把国家主席刘少奇在 1962 年调整农村经济政策时所推出的“三自一包”(自留地、自由市场、自负盈亏、包产到户)、“四大自由”(土地租佃和买卖自由、借贷自由、贸易自由)等引入市场机制的一些事物当成是走资本主义道路,把党内与他不同的意见视为修正主义路线,从而对当时我国阶级斗争形势及党和国家的政治状况做了完全错误的估计,对社会主义社会阶级斗争的错误认识发展到非常严重的程度。

毛泽东认为过去几年的农村“四清”、城市“五反”和意识形态领域的批判,都无法根本解决问题,只有采取断然措施,公开地、全面地、自上而下地发动广大群众,才能揭露党和国家生活中的阴暗面,把被所谓“走资派”篡夺了的权力夺回来,才能避免修正主义,防止资本主义复辟。

在这一背景下,毛泽东于 1966 年 5 月 16 日主导了中共中央政治局扩大会议,会议通过了《中国共产党中央委员会通知》(后来简称为“五一六通知”),就此发动了长达十年蔓延全国的“无产阶级文化大革命”。

“五一六通知”下达后，中共福建省委为贯彻党中央的指示，立即召开了省委文化革命会议，并于5月17日向中共中央和华东局上报《关于文化大革命运动的部署的报告》，初步部署了福建全省的“文化大革命”运动。厦门市委随后召开市委全会，传达贯彻中央对“文化大革命”的指示和省委文化革命会议精神。

5月16日，《厦门日报》在头版用整版篇幅转载了《红旗》杂志1966年第7期发表的，由戚本禹炮制的题为《评〈前线〉〈北京日报〉的资产阶级立场》的文章。该文明确指出：邓拓纠集吴晗、廖沫沙组成“三家村”反党小集团，是反党、反社会主义的“黑店”，他们“代表资本主义复辟势力的右倾机会主义即修正主义分子”，“疯狂的向党、向社会主义发动进攻”。他们的问题不是“纯学术”的问题，而是反党、反社会主义的政治问题。

随后几天，厦门社会各界发起声讨“三家村黑店”的浪潮。集美学村各校师生举行一系列的座谈会和声讨会，杏林各工厂的职工纷纷集会，愤怒声讨“三家村”反党罪行。在郊区各个社队，公社干部和贫下中农一起组织召开声讨“三家村”罪行的座谈会。6月7日，杏林地区上千名工农兵举行声讨“三家村”大会。

从5月17日到5月底，革命群众声讨的对象仅仅集中在邓拓等所谓“三家村黑帮”所代表的“资产阶级权威”及其所发表的那些所谓“毒害人民的反动言论”，尚未发生所谓的“内斗”和“武斗”。各级党组织仍然控制着局势的发展,工农业生产和社会秩序还算比较稳定。

正当厦门全市还在传达“五一六通知”,努力加深对这场运动理解的时候,6 月 1 日,《人民日报》发表了题为《横扫一切牛鬼蛇神》的社论。次日,《人民日报》全文刊登北京大学造反派头目聂元梓等人的大字报,把斗争矛头对准北京大学党政领导;同时发表评论员文章《欢呼北大的一张大字报》。当天,厦门大学以学生会的名义,致电支持北大师生的“革命行动”。厦大校园也出现了揭发厦大党委犯了路线错误的大字报。当天晚上,部分学生将党委书记陆维特揪出来批斗,由此揭开了厦门的“文化大革命”序幕。

“文化大革命”初期,集美学村成为重灾区。6 月上旬,中共中央决定派工作组到大、中学校协助领导“文化大革命”运动。6 月 4 日,省委工作团进驻厦门大学。6 月 5 日,在厦门大学党委停止领导工作的同一天,厦门市委组成了“文化大革命”领导小组,相继向集美航海学校、集美中学、厦门一中、厦门八中(今厦门双十中学)等学校及文化团体派出工作队,领导文化教育部门的“文化大革命”运动。

工作队的进驻,未能扭转各大中学校混乱的局面,相反,由于工作队对学校的情况不太熟悉,他们在学校里恢复秩序,代行党的领导的做法,也与“文化大革命”的目的相违背,因此,工作队反而很快成了矛盾的焦点和攻击对象。这种斗争发展的结果，就是引发了著名的“六一九”集美航校事件。

6 月 5 日，集美航海学校出现第一张大字报。至 6 月 8 日，全校贴出了一大批大字报，主要矛头对准那些所谓有历史问题的教职工。9 日至 11 日，师生又贴出许多大字报，开始形成两种不同的观点。

6 月 12 日，厦门市委派出以厦门边防检查站政委为队长的工作队进驻集美航海学校。工作队进校之后，师生中的两种观点继续激化，并要求工作队表态。18 日上午，厦门市委召开集美地区各校工作队队长会议。会议对航校工作队的尴尬处境表示同情，同意组织其他学校师生到集美航海学校声援工作队。

6 月 19 日上午，集美侨校 500 多名师生、集美水产学校 200 多名师生由所在学校的工作队率领，来到航校试图支援工作队，侨校和航校的一些学生由于观点相左互相争吵、揪打，一场混战中导致 9 人受伤，从而酿成“六一九”集美航校事件。

“六一九”流血事件是“文革”开始后厦门发生的第一起流血事件，也是福建省较早的一起群众斗群众的流血事件，它引起了严重的思想混乱。事件发生后，群众斗争锋芒转向工作队和市委，加剧了对党组织领导的不信任，乱揪乱斗之风愈演愈烈。

尽管厦门市委在处理集美航校事件上采取的态度是谨慎和适当的，但迫于当时福建省委的压力，厦门市委最终还是将事件定性为“镇压航校学校革命师生的流血事件”,并就发生这一“严重政治错误”专门在集美召开的群众大会上做出公开检讨。

7月8日,厦门市委就“六一九”事件公布初步检查报告,表示要“澄清思想,吸取教训”,同时整训了集美地区的工作队。这样,厦门市委借由工作队的进入试图保持党的领导,使运动有所控制的愿望落空,市委的领导权威受到严重削弱。

7月24日,毛泽东召集中央常委和中央“文革”小组成员会议,做出了撤销工作组的决定。8月4日,福建省委做出《关于撤销大、中学校工作队(组)的决定》,8月8日,厦门市委在全市万人大会上宣布撤走“文革”工作队。同一天,中共八届十一中全会通过由中央“文革”小组起草、经过毛泽东审定的《关于无产阶级文化大革命的决定》(简称“十六条”),对“文化大革命”做进一步发动。当天晚上,厦门全市各个单位,集美各所学校纷纷组织收听中央人民广播电台播放的“十六条”内容。集美各单位革命群众、集美各校造反学生连夜举行座谈会,书写大字报、决心书。

此后,厦门郊区机关、集美企事业单位和集美各校都有所谓的革命群众和造反派学生举行集会,甚至派出代表到厦门市区参加连续四天的集会游行,拥护党中央关于开展“文化大革命”的决定。

8月23日,厦门大学一些学生发起组织“厦门大学红卫兵总部”的群众组织,8 月 26 日,另一些学生组成“厦门大学红卫兵独立团”的群众组织。集美各校造反学生闻讯后,也相继成立红卫兵组织,这些组织标榜“踢开党委闹革命”,以“破四旧(旧思想、旧文化、旧风俗、旧习惯)”为切入点,以达到“造修正主义的反”“造走资派的反”的目的。

1966 年夏,集美学村各所学校都停止招收新生,在校学生纷纷建立红卫兵组织,号召“停课闹革命”。集美航校作为集美“文革”的策源地,加上青年学生单纯、无知、好奇和冲动,航校的红卫兵成了“破四旧”的急先锋。他们先是将“集美航海学校”校牌的“集美”两字凿掉,然后将冲击对象指向陈嘉庚先生安息之地的鳌园。红卫兵首先敲砸毁坏了鳌园游廊两侧的精美镂雕,还预谋破坏鳌园中的其他建筑物。集美大社的乡亲们得悉后纷纷赶到现场,誓死保卫鳌园,双方剑拔弩张,几乎酿成武斗。

厦门市“文革办公室”闻讯后认为事关重大,立刻向市委第一书记袁改汇报,袁改于当天晚上责令市“文革办”向国务院值班室请示。次日凌晨,总理办公室用电话传达了周恩来的指示:“要说服造反派,暂时封存鳌园建筑物,等运动后期处理。”

厦门市市长李文陵随即带着周恩来的指示,赶到集美耐心地向红卫兵做说服工作,鳌园内的建筑才免遭更大的破坏。

“破四旧”的浪潮迅速波及郊区各个村庄,红卫兵将农民家中供奉的“菩萨”“神牌”扫地出门,连同村社宗祠的祖宗神主牌位、匾额、族谱一起付之一炬;散落乡村各处的公共佛龛、神像统统难逃厄运,许多宫庙被彻底捣毁或被改作他用。厦门郊区各个村社的古厝门窗和屋顶上刻画的神仙灵兽、帝王将相和才子佳人的精美瓷砖雕或壁画几乎被清除殆尽。

红卫兵在大破“四旧”的同时,还大立所谓的新思想、新文化、新风俗、新习惯的“四新”。他们高举红旗,簇拥着毛泽东的画像,抬着毛主席语录牌和巨幅标语,敲锣打鼓,走街串巷,深入企业、农村、学校、商店,在公共场所张贴革命大字报和标语,散发革命传单和倡议书。

9 月 5 日,集美航海学校红卫兵联合厦门八中红卫兵,与福州等地南下的福州大学、福建师范大学、福建林学院、华侨大学红卫兵组织召开所谓揭批中共福建省委、福州市委的万人大会,“勒令”省委第一书记叶飞接受批判,同时致电中共中央,控诉省委、市委“压制”红卫兵的“革命行动”,要求“改组省委、市委,罢叶飞的官”。会后,这些联合起来的红卫兵组织“炮打”厦门市委。同日,“厦门红卫兵总部”宣告成立。

9 月 13 日,包括集美航海学校、集美中学、集美水产学校在内的全市 15 所大、中学校的红卫兵在工人文化宫(今厦门市公安局)门前广场举行集会,各校红卫兵组织相互“支持声援”。随后,厦门、集美各校革命师生和红卫兵分期分批到全国各地大串连,交流“斗争经验”,揪斗所谓的“走资派”“反动学术权威”“资产阶级知识分子”，许多人还到北京天安门广场接受毛主席等中央领导人的检阅。外地的红卫兵也纷纷涌入厦门“传经送宝”，在揪斗、殴打所谓“走资派”的时候起到恶劣作用。

9月底，厦门八中红卫兵串联了集美航海学校、集美中学的红卫兵，一起徒步到福州，揪斗了叶飞的夫人、省教育厅厅长王于畊。厦门各级党政机关在红卫兵运动的强烈冲击下，难以开展工作，整个社会陷入一片混乱之中。

10月5日，中央军委和解放军总政治部根据林彪提议，发出《关于军队院校无产阶级文化大革命的紧急指示》，宣布取消“军队院校的文化大革命运动在撤出工作组后由院校党委领导的规定”，实际上取消了党对运动的领导。

同日，中共中央转发了这个紧急通知，认为该文件“对于全国县以上大中学校都适用”，应“坚决贯彻执行”。这就助长了正在红卫兵和其他造反派组织中恶性膨胀起来的无政府主义倾向，从此，“踢开党委闹革命”的狂潮席卷全国。厦门郊区工委和集美镇、灌口镇和各公社党委在这一时代背景下统统“靠边站”，任由红卫兵和其他造反派胡作非为。

10月23日，又有更多的集美学生走出校门，加入社会大串联的行列。

灌口农村也深受红卫兵运动的波及，1966年8月，灌口中学一些青年教师和学生成立了红卫兵组织,10月,该校红卫兵擅自将校名改为“厦门人民中学”。1968年1月,人民中学十多名红卫兵组成一支长征宣传队,徒步到瑞金、井冈山、韶山等革命圣地,沿途进行大串联宣传活动。

集美镇党委曾经在1965年发动社员群众整理了2000多亩滩涂用来养殖花蛤。1966年年初将花蛤苗撒入滩涂上,本应在当年秋季采收。结果由于集美镇委书记杨炳裕、副书记陈甲团等领导干部被造反派责令“靠边站”,大队干部也受到冲击,无法组织社员采收花蛤。两万元购买花蛤苗的投资也打了水漂,反而成为造反派批判杨炳裕的“罪状”之一。此后,集美滩涂的花蛤随着潮水扩散到厦门沿海各处浅滩,长期处在野生的自然状态。

第　四　节
军管会努力促成三结合
革委会贯彻执行斗批改

1967年1月1日,《人民日报》、《红旗》杂志发表经毛泽东审定的题为《把无产阶级文化大革命进行到底》的元旦社论,社论宣布“1967年,将是全国全面展开阶级斗争的一年”,“将是无产阶级联合其他革命群众,向党内一小撮走资本主义道路的当权派和社会上的牛鬼蛇神展开总攻击的一年”。

1月6日,上海发生了由王洪文为首的造反派夺取党和政府各级领导权的“一月风暴”,并在1月8日成立了上海市抓革命、促生产火线指挥部(后改名上海公社),取代了中共上海市委和上海市人民委员会,篡夺了上海市的党政大权。各地造反派纷纷仿效,发动“打砸抢烧”,批斗当地党政领导,夺取当地权力,全国一片混乱。

1月9日,厦门造反派夺取了厦门日报社。12日,接管了厦门人民广播电台。18日,成立“新厦门公社”,发出《告厦门全市人民书》,举行万人集会游行,以所谓“推行经济主义、破坏文化大革命、破坏生产”的罪名揪斗袁改、李文陵等厦门党政领导人。短短几天,厦门造反派就宣布正式夺取了市委、市人民委员会、市公安局和各级党政机构大权。

在造反派"全面夺权"冲击下,党政领导机构处于瘫痪状态,群众组织争相夺权。1月11日,郊区造反派非法夺权,郊办主要领导人"靠边站",工作机构逐步瘫痪。

厦门造反派夺取权力后不久,内部就纷争不断,很快分裂成"厦门市革命造反派联合委员会"(简称"革联")和"厦门市促进革命大联合委员会"(简称"促联")两大派系。两派之间争权夺利,制造多起流血事件。

为了保护广大干部和人民群众,稳定秩序,恢复生产,1967年1月23日,根据毛泽东的提议,中共中央、国务院、中央军委、中央"文革"小组发出《关于人民解放军坚决支持革命左派的决定》。3月19日,中央军委做出《关于集中力量执行支左、支农、支工、军管、军训任务的决定》(简称"三支两军"决定),以稳定局势,协助地方工作。驻厦部队根据中央军委要求,正式介入厦门"文化大革命",开展"三支两军"工作。

1967年3月1日,在驻厦部队代表主持下,经过"革联"和"促联"两派代表协商,成立厦门市"三结合"筹委会。同时,厦门地区中等学校复课闹革命誓师大会在市工人文化宫广场举行。3月3日,集美、杏林各普通中学、中等专业学校和半工半读学校4000多名师生也"满怀革命豪情"举行誓师大会,"响应党中央号召,回校复课闹革命"。

3月22日，在部队代表主持下，杏林工业区的“革联”和“促联”两派造反派工人达成协议，按照班组和车间编成类似部队的连、排编制，实现“革命大联合”。

3月30日，《红旗》杂志发表了经毛泽东审定的社论《论革命的“三结合”》，开头引述毛泽东的话：“在需要夺权的那些地方和单位，必须实行革命的‘三结合’的方针，建立一个革命的、有代表性的、有无产阶级权威的临时权力机构，这个机构的名称，叫革命委员会好。”这里已经不再把夺权的含义理解为夺“文化大革命”的领导权和监督权，而是宣布要建立革命委员会，作为临时权力机构。不久以后，革命委员会就成了正式的权力机构。

4月13日，“三支两军”的解放军以“学习毛主席著作宣传队”（简称军宣队）的名义进驻厦门市委和市人委。驻厦部队随后对厦门市公安局、厦门人民广播电台、厦门日报社和海关、火车站、航管局、水产局以及检察院、法院等单位实行军事管制。

参加“三支两军”的部队指战员，特别是军管会干部（又称军代表），在极端复杂的情况下开展工作，绝大多数指战员深受党的优良传统的教育，所以，他们对“左”的一套做法有所抵制，总体上保护了地方干部和群众，起了稳定局势的作用。

但是，“革联”和“促联”相互对抗此起彼伏，武斗愈演愈烈。4月29日，双方在工人文化宫和海防中学（原址现为厦门实验小学）一带展开枪战，场面令人触目惊心。

虽然驻厦部队派人努力去做两派群众的工作,但是“革联”和“促联”之间的分歧和纷争依然如故。5月7日,厦门市委机关被迫停止工作。

5月24日,位于杏林的厦门纺织厂的一名“革联”成员在武斗中丧命,100多名支持“革联”的工人宣布“绝食斗争”,要求军管会严惩“促联”凶手。

6月2日,双方又在海防中学开战,一百多名战士奉命前去劝阻,但效果甚微。

6月18日,厦门市军事管制委员会成立。厦门市军管会作为全市临时的最高权力机构,对市委、市人委实行军管,代行党、政领导职能。厦门各区和同安县的人民武装部也相应成立革命生产小组,取代党政机关的职能,实行“抓革命、促生产”。

7月21日,“革联”和“促联”两派在罐头厂、酿酒厂一带为“夺权”与“反夺权”发生武斗。8月2日,双方在厦门大学发生更大规模的武斗流血事件。此后,“促联”人多势众,接管了市区大权,“革联”群众纷纷撤退到郊区杏林,以杏林工业区为基础,号召走“农村包围城市”的道路,两派武斗也蔓延到集美区域。

8月12日,“促联”宣布成立“厦门文攻武卫临时作战指挥部”,召开“文攻武卫誓师大会”。8月18日,“革联”不甘示弱地在杏林宣布成立“厦门革命到底联合总司令部”。两派对立情绪加剧。第二天,两派在莲坂一带爆发大规模武斗,双方均持步枪上阵,造成数十人死亡,百余人受伤，这是“文革”期间厦门伤亡人数最多的一场武斗。

9月3日，“革联”和“促联”两派赴京代表经过协商，在北京达成上缴武器、制止武斗等8条协议。但不久双方又撕毁协议，武斗再起。后来，在周恩来总理多次督促下，两派组织代表再次赴京，于1968年2月10日达成协议，决定“全面停火”。“革联”人员陆续从郊区返回市区。

为加快厦门全市“大联合”“三结合”的步伐，厦门市军管会在全市范围内发起举办毛泽东思想学习班的高潮，同时积极做好收缴武器，拆除武斗工事的工作。1968年8月下旬，驻厦部队派出21个连队进驻厦门市区以及杏林、集美、同安等地制高点和武斗点，并在水陆要道设立宣传站，协助军管会查缴武器。至此，厦门武斗基本上得到遏制。

根据毛泽东为建立革命委员会所规定的“三结合”方针，从1968年5月起，厦门郊区所辖的海沧公社、前线公社、杏林公社、后溪公社、灌口公社、曾塔公社相继成立了革命委员会。郊区的9个农、林、菜场也有4个成立了革命委员会。集美镇各造反派全部实现了“革命大联合”。

1968年9月14日，在31集团军海军守备区派驻集美的军代表主导下，由革命干部代表、军队代表和革命群众代表实现了“三结合”，宣布成立厦门郊区革命委员会，总揽全区的党、政、财、文大权。中共厦门郊区工委和郊区行政办事处即行撤销。

郊区革委会行使原郊委和郊办工作机构的全部职

能，军队代表陈贵三担任郊区革委会主任。郊区革委会设立政工组、办事组和生产指挥组三大组，每个大组下面再设若干小组。其中政工组下设组织、宣教、外事和人保等组；办事组下设行政、信访、秘书和报道等组；生产指挥组下设生产计划、民事卫生和农林水等组。郊区所属的各公社、各农场成立革命委员会后，公社和农场的党委也随之撤销。

9月16日，经中国人民解放军福州军区党委和福建省革命委员会批准，实行党政一元化领导的厦门市革命委员会宣布成立。此后，东风区(原开元区)、向阳区(原思明区)、鼓浪屿区、同安县纷纷成立革命委员会，这些地方的区委和同安县委暂时撤销。

1968年11月，集美学校革命委员会成立，先后由厦门糖厂工宣队队长何凤岐、田春时、陈新智担任革委会主任。1969年1月，集美学校革委会由厦门市革命委员会教育组领导。

厦门市各级革命委员会的建立，基本结束了造反派之间长达一年多的纷争和武斗，对稳定厦门当时的局势，促进各项工作正常运转都起到了一定的积极作用。

10月25日，厦门造反派组织召开了批斗“厦门党内头号走资派袁改”的万人群众大会，随后，郊区革委会也在集美召开了批斗“集美最大的走资派曹守义”的群众大会。

毛泽东曾在1966年5月7日要求全国各行各业都要办成一个大学校，既能学政治、学军事、学文化，又能从事农业生产，还能办一些中小工厂，生产自己需要的若干产品和与国家等价交换的产品，同时也要批判资产阶级。到了1968年，全国各地造反派夺权的任务已经完成，为了让大批停职“靠边站”的领导干部得到所谓思想改造的机会，各地纷纷成立了贯彻毛泽东这一指示的“五七干部学校”，简称五七干校。

1968年10月，郊区革委会在后溪公社溪西大队山尾村辟地开办了五七干校，许多党政机关干部到这里参加为期一年以上的劳动锻炼，过着军事化的集体生活。

1969年3月3日，厦门市革委会组织动员了全市两万多人在工人文化宫广场召开批判大会，批判所谓“刘少奇、叶飞、袁改反革命修正主义组织路线”。

在极左路线主导下，厦门市革委会成立了群众专政指挥部，进行“清理阶级队伍”工作，许多干部和群众被隔离审查。4月16日，厦门市革委会召开批判大会，对在“清理阶级队伍”运动中揪出来的所谓“叛徒”“特务”“反革命分子”“伪党员”等一大批干部进行批判，错误处理了许多干部。

1969年8月25日，《人民日报》、《红旗》杂志、《解放军报》发表社论《抓紧革命大批判》，此后，“文化大革命”全面进入“斗、批、改”阶段，指导思想就是彻底否定所谓“反革命修正主义路线”，落实政策，巩固和发展所谓的“文化大革命”的“成果”。

厦门市革委会从“革命大批判”开始，首先开展了“清理阶级队伍”工作。所谓“大批判”就是结合“活学活用毛泽东思想”,批判刘少奇同志及其所谓“反革命修正主义路线”。各地举办各种类型的毛泽东思想学习班,召开各种批判大会。

郊区成立群众专政指挥部后,各人民公社也分别成立了群众专政指挥部,贯彻“以阶级斗争为纲”,开展所谓“清理阶级队伍”的斗争,对原有的贫下中农纠察队进行整顿、巩固和提高,全区纠察队员多达 6847 人,分成 95 个纠察中队,138 个分队。全区共揪斗了地主、富农、反革命、坏分子、“右派分子”和“走资派”3989 人,挖出所谓的隐藏的敌人 318 人,一些人被判刑,大部分交由贫下中农管制。实际上,许多人遭到了不公正的政治迫害。

集美各校在“清理阶级队伍”中,整错一批同志,其中一些人被开除,一些人被送到“黑帮室”劳动审查。1968 年 8 月,集美侨校革委会成立后,成立“专政队”“专案组”,把学校领导和一大批教师打成“死不改悔的走资派”“叛徒”“阶级异己分子”“特务”。学校革委会还举办“阶级斗争展览馆”并对外开放,参观者达万余人次,造成极其恶劣的影响。1968 年 11 月,集美航海学校革委会成立后,在人保组下面设置了“专政组”和“专案组”,还成立一个由 24 人组成的“群众专政队”,进行“清理阶级队伍”的工作。自 1968 年 11 月到 1970 年 6 月,被收审的教职工有 35 人,占全校 139 名教职工的 25.2%,其中 13 人被立案审查,包括 3 名校领导。

“清队”的严重扩大化使得人人自危，但随后展开的“一打三反”运动则有过之而无不及。1970 年 1 月 31 日和 2 月 5 日中共中央相继发出“打击现行反革命破坏活动”“反对贪污盗窃、反对投机倒把”“反对铺张浪费”的通知，要求在全国范围内开展“一打三反”运动。这场运动的重点是“打击现行反革命”，它是深入“斗、批、改”的一个重要措施，在当时复杂的斗争环境中，极左思想起着指导作用，有一些对林彪、江青反革命集团不满的干部和群众被打成“现行反革命分子”，被横加批判，无情打击。

1967 年从新加坡回国的集美华侨学生洪沧海出于正义感，书写、张贴、散发了一些反对林彪、江青反革命集团，为老一辈无产阶级革命家鸣不平的标语和信件，他还在自己的日记中指出江青强行推广“样板戏”是为自己树碑立传，不幸遭到逮捕。

1969 年 1 月，集美中学召开批斗“现行反革命分子”洪沧海的群众大会，陪斗的有当时集美中学的校长叶振汉、副校长黄德全和关在“牛棚”中的多位老师。“一打三反”运动开始后，对洪沧海的批斗和审讯升级。

1970 年 2 月 27 日，厦门市在工人文化宫广场召开万人公审大会批斗宣判，以“现行反革命”罪名判处洪沧海死刑并立即执行。洪沧海为了自己的理念献出了年仅 21 岁的宝贵生命。

“文革”结束后拨乱反正，1979 年 11 月，厦门市中级人民法院撤销原判，为洪沧海平反昭雪。

第　四　章

广大干群改造思想
各条战线改变面貌

第一节 活学活用结合整党建党 知识青年踊跃上山下乡

1968年10月,刚刚成立的厦门郊区革命委员会就向各公社、各农场发出决定,提出将整个郊区办成一个红彤彤的毛泽东思想大学校。

决定发出后,从生产队到公社、农场,层层召开了活学活用毛泽东思想的讲用会,掀起了大总结、大讲用、大评选、大提高的热潮。通过层层讲用,评选出500多个"活学活用毛泽东思想积极分子"代表,出席预定第二年开春召开的郊区首届"积代会"。

1969年1月1日,《人民日报》、《红旗》杂志发表元旦社论《用毛泽东思想统帅一切》,全国迅速开展对毛主席"三忠于(忠于毛主席、忠于毛泽东思想、忠于毛泽东的革命路线)""四无限(对毛泽东、毛泽东思想、毛泽东的革命路线都要无限忠诚、无限热爱、无限信仰、无限崇拜)"的活动,进一步建立和健全学习毛主席著作的制度。

1969年2月,郊区首届"积代会"在集美召开,会上选出102名代表出席当年3月召开的厦门市首届"积代会”。厦门市“积代会”召开后,郊区各公社、各农场、各生产大队立即进行传达贯彻,厦门市委会组织讲用团来到集美做报告。郊区也组织讲用组,分别深入到各地进行巡回报告,掀起了全区大讲用的热潮。仅 1969 年,讲用组到各地总共召开了 1308 场讲用会,参加讲用报告的有 1294 人,接受教育人数将近 19 万人,从而把学习毛泽东思想的群众运动推向“新阶段”,学出“新高度”,用出“新水平”。

这场活动虽然冠着“活学活用”名称,实际上违背、阉割了毛泽东思想的精髓,背离了理论联系实际的原则,使广大干部和群众丧失独立思考的能力,思想僵化,心灵扭曲,这种思想理论上的巨大创伤,造成十分严重的后果。

1969 年 2 月,厦门市革委会组织市委机关和各区机关干部到郊区所属的海沧中学集中学习《毛泽东选集》,深刻领会毛泽东思想,进行“斗私批修”,“灵魂深处闹革命”。

4 月,中共九大在北京召开,参加这次大会的大部分代表是由革命委员会与造反派头目“协商”或由上级指定的。位于杏林的厦门纺织厂女工程美泰和同安县莲花公社窑市大队大队长叶斯文代表厦门出席了中共九大。

中共九大通过的政治报告和党章,以及所选出的中央委员会,使“文革”的错误理论和实践合法化,加强了林彪、江青两个反革命集团在党中央的地位。这次大会在思想上、政治上和组织上的指导方针都是错误的。

在“文革”的狂热气氛中,厦门郊区革委会前后组织了 31.2 万多人次收听中共九大新闻公报和政治报告、新党章发表的讲话。全郊区近 12 万人连夜集会热烈欢呼。郊区革委会组织了 104 个毛泽东思想宣传队,2530 名宣传员,深入到各个村社学校、田间地头进行宣传,受教育人数达 98 万多人次。

5 月,厦门郊区革委会分批组织所有干部集中到位于灌口公社坑内大队的当地驻军营房,在解放军代表指导下,学习中共九大会议精神,开展“革命大批判”和“清理阶级队伍”,“继续深挖狠批阶级敌人”,参加学习的成员人人都要“斗私批修”,反省自己过去是否执行过“修正主义路线”,争取早日回到无产阶级革命路线上来。

1969 年 7 月 16 日,经厦门市革命委员会批准,成立市革委会杏林地区领导小组,对杏林地区各项工作实行“一元化”领导。

7 月 23 日,中共中央发出布告,要求各地惩办“坏人”,坚决镇压“反革命分子”,恢复生产与工作;8 月 28 日,中共中央又发出命令,迅速整治仍然存在派性斗争、武斗和打砸抢等混乱局面的地区。“七二三”布告和“八二八”命令相继发表后,郊区革委会组织了 995 个宣传队,10800 多位宣传员,开展 2000 多场的宣传活动,受教育的群众达到 30 多万人次。

郊区广播站成立于 1964 年 10 月,这时,各生产大队和小队全面普及了有线广播,家家户户都安装了小喇叭,从海防前线到偏僻山乡，都能及时听到毛主席和党中央的声音，广泛、深入、有效地传播了毛泽东思想，让毛主席的无产阶级革命路线深入人心。

9月，郊区革委会在坑内军营里组织的干部学习班全部结束，大部分党员干部恢复正常的组织生活，被重新安排工作。剩下一部分被认为政治立场仍有问题的干部被遣送到集美学校，在“支左”的军代表领导下，继续学习毛泽东思想和改造世界观。

在活学活用毛泽东思想的基础上，在部队干部组成的军宣队的指导下，郊区革委会由点到面分批开展了整党建党运动，加强党的“思想革命化”和“组织革命化”的“二化”建设，从思想上、组织上进行了“吐故纳新”。所谓“吐故”就是清除所谓的“反革命修正主义分子”、“走资派”和“牛鬼蛇神”，在“纳新”的口号下，个别在“文革”期间造反起家的人物不仅入了党，而且还走上了领导岗位。

这次整党建党是在加强党的领导的前提下，实行“开门”整党，采取请进来、走出去的做法，发动群众帮助整党建党，吸收群众代表参加学习班，并且让所在单位的“革命群众”都“受到教育”，人人关心整党建党工作。由于实行“开门”整党，一些非党群众在参与这次整党过程中，也带来了某些负面因素。

这次整党建党宣称按照“惩前毖后，治病救人”的方针和“思想批判从严，组织处理从宽”的原则，实行领导和群众相结合，认真落实党的政策。一方面举办各级领导成员参加的落实党的政策的学习班、座谈会、现场会,总结交流经验,提高政策水平;另一方面,又把政策直接交给群众,经过群众评论和党内通过,先恢复多数党员的组织生活,建立起党支部,然后在新的党支部的领导下,处理少数暂时“挂”起来的党员。那些所谓“挂”起来的党员经过“斗私批修,接受再教育”,有“悔改”表现后,可以恢复组织生活。

至 1969 年底,厦门郊区基本上完成了整党建党运动,全区原有的 14 个党委 2 个总支,共 152 个支部,调整为 7 个党委 3 个总支,4 个直属支部,共 141 个支部。

郊区革委会按照九大通过的新党章规定进行“吐故纳新”,开除 1 名党员的党籍,给予 22 名党员各种党纪处分,尚未恢复组织生活的党员有 277 人,同时吸收了新党员 79 人,其中大多数是贫下中农,至此全区党员 2711 名。除集美镇在 1970 年召开了党代会以外,其余各公社、各农场都在 1969 年召开党代会或党员大会,选举了公社、农场的党委(或支部)领导班子和出席郊区首届党代会的代表。

与此同时,郊区革委会对各公社、各农场的领导班子进行调整和充实,健全了领导核心,加强了党的一元化领导。各社场在整党的同时,还结合了整团和民兵整组的工作。

杏林公社高浦大队党支部是全区整党建党试点单位,在整党时突出思想整顿,狠抓了“二化”建设,学习解放军坚持“四个第一”(人的因素第一、政治工作第一、思想工作第一、活的思想第一),发扬“三八作风”(坚定正确的政治方向、艰苦朴素的工作作风、灵活机动的战略战术;团结、紧张、严肃、活泼),整个大队出现了学习毛主席著作的人多,讲阶级斗争的人多,关心集体的人多,立志创业的人多,做好事的人多的“五多”新气象。

各个党支部在整党建党的运动中,通过学习毛泽东关于在无产阶级专政下继续革命的理论,党员们纷纷表示要紧跟毛主席干一辈子革命,使得极左路线更加禁锢人们的思想。

郊区革委会还派出党员干部和贫下中农代表组成了贫宣队、讲师团,分别担负起管理学校,团结、教育、改造知识分子的任务,力图培养一支新型的无产阶级教师队伍。学习解放军走政治建校的道路,贯彻毛泽东于1966年发出的“五七”指示,学生不仅要参加学工、学农、学军的社会实践,还要参加所谓的“批判资产阶级”活动。所有市属的中学都改为公社领导,区属小学改为大队领导,全区选派138名贫下中农出身的教师参加教学工作,以改变教师队伍的阶级成分。有些生产队根据贫下中农的要求,开办了夜校。

在活学活用毛泽东思想和整党建党运动期间,仅1970年11月,厦门郊区共发行《毛泽东选集》25992套,至1970年年底全区35462户,每户都有一套《毛泽东选集》,人人都坚决表示要沿着毛主席指引的无产阶级革命道路奋勇前进!

1970 年 9 月 17 日,经中共福建省革命委员会核心小组批准,成立中共厦门市革命委员会核心小组,与此同时,厦门各区和同安县也先后成立革命委员会党的核心小组,临时行使党委的部分职能。郊区革委会党的核心小组组长由军队代表陈贵三担任。

1971 年 6 月,军队代表范万永接替陈贵三担任郊区党的核心小组组长兼郊区革委会主任。6 月 30 日至 7 月 4 日,中共厦门市郊区第一次代表大会在高殿新村召开。范万永代表郊区革委会领导小组做题为《高举毛泽东思想伟大红旗,沿着毛主席革命路线奋勇前进》的工作报告,大会选举产生中共厦门市郊区第一届委员会组成人员,选举范万永为郊区党委书记,翟万梅、高靖为郊区党委副书记。

1968 年 10 月 4 日,毛泽东发出“广大干部下放劳动,这对干部是一种重新学习的极好机会”的最新指示后,郊区和杏林工业区许多单位立即组织学习和座谈,刷标语、出墙报、开宣传车,深入各生产大队、各车间进行宣传。集美校委会及各机关、学校将准备下放的干部,先集中在“园林管理处”及各校的农场、工厂劳动或学习一段时间后,再下放到闽西、闽北各地农村。

厦门市革命委员会成立后,社会秩序稳定下来,当年红卫兵的冲杀激情也冷静下来。那时候,大学关门停课,工厂歇业停产,大批城市青年既不能继续升学,也难以就业，衍生出一系列社会问题。

1968年12月22日，毛泽东发表“知识青年到农村去”的号召，掀起了全国范围的知识青年上山下乡运动。厦门启动全市性的知识青年上山下乡动员工作，各级革命委员会、区、学校相继成立“四个面向（面向农村、面向工矿、面向基层、面向边疆）”办公室，并配备专职干部，统一管理干部、知识青年和城镇居民到山区去和复员退伍军人的安置工作。

根据厦门市革委会的决定，东风区（原开元区）的知青被安置在上杭县，向阳区（原思明区）的知青被安置在武平县，郊区和鼓浪屿的知青被安置在永定县，同安县的知青原则上被安置在本县内地山区。

经过45天的组织动员，1969年2月4日，郊区革委会举行隆重的欢送仪式，欢送集美侨校74名、集美中学42名“老三届”毕业生和1名青年医务人员到闽西农村插队落户。5日清晨，这117名集美知识青年（其中包括55名女性）组成的长征队正式出发。他们发扬“一不怕苦，二不怕死”的革命精神，昂首徒步500多里，经过5天的长途跋涉，终于在2月11日来到闽西永定县落户，拉开了声势强劲的厦门知识青年上山下乡运动的序幕。22日，厦门市革委会召开庆祝117名集美知识青年徒步“长征”，胜利到达永定插队落户的表彰和群众动员大会。

3月8日，厦门市1292名知识青年和城镇居民到永定、上杭、武平等地插队劳动并落户。到4月中旬，郊区又有近200名知识青年和城镇居民到永定山区插队落户。9月3日至20日,厦门全市共有8200多名知识青年和城镇居民赴闽西山区插队落户。至当年年底,到这3个县插队的厦门知青和居民多达2.4万余人。1970年厦门本岛人口总数不足30万,上山下乡的人数几乎占了市区总人口的1/10。

此后每年都有应届初、高中毕业生到农村插队落户。1973年10月,厦门市革委会成立知识青年上山下乡领导小组,安置方向由原来的闽西山区改为厦门市郊。1975年,厦门市将知识青年由过去分散插队,吃住在农家,劳动在生产队的形式,改变为厂社挂钩、小型集体安置建立知青点为主的形式,知青的生产、生活条件有所改善。郊区的知青点比较集中在灌口公社双岭、东辉、顶许等生产大队,后溪公社珩山、前进等生产大队和第二农场、天马华侨农场。

1973年8月,插队永定的集美侨校老三届女知青林瑞蓉作为中共十大代表,出席在北京召开的中共第十次全国代表大会。

第二节
学大庆抓革命促生产　学大寨赶昔阳跨纲要

20 世纪 60 年代，我国工农业同时树起了两面大旗——黑龙江省的大庆油田和山西省昔阳县大寨大队。一时间，“工业学大庆”“农业学大寨”的口号响彻大江南北。“铁人”精神、“三老四严”、“战天斗地”成为这个时代的主旋律。

大庆石油会战是在 60 年代初期我国经济困难时期打响的，当时出于战备和诸多因素的考虑，会战是在极其保密的状态下进行的，油田对外称呼是“安达农垦总场”。经过三年多的艰苦奋斗，大庆油田胜利投产，使我国石油工业的发展实现历史性的转变。随着中国石油实现基本自给的喜讯传遍神州大地，大庆石油会战的情况以及全国劳动模范、“铁人”王进喜的感人事迹广为人知。

1964 年 2 月 5 日，中共中央对全国工业战线提出了“工业学大庆”的号召，要求学习大庆油田的“为国争光、为民族争气”的爱国主义精神和“独立自主、自力更生”的艰苦创业精神，学习大庆油田钻井队队长王进喜的“爱国、创业、求实、奉献”的铁人精神，以推动全国工矿企业和社会主义建设向前发展。

山西省昔阳县大寨生产大队位于太行山区,自然条件恶劣,土地贫瘠。从1953年开始,大寨村民在党支部的领导下,大搞农田基本建设,把深沟变良田,将坡地垒成水平梯田,实现了粮食大丰收,创造了奇迹。

1964年12月,周恩来在三届全国人大一次会议的《政府工作报告》中,把大寨精神概括为:"政治挂帅、思想领先的原则,自力更生、艰苦奋斗的精神,爱国家、爱集体的共产主义风格","农业学大寨"运动在全国轰轰烈烈开展起来,大寨经验在各地农村积极推广。

"农业学大寨"是继"向雷锋同志学习"和"工业学大庆"之后,中宣部树立的"只知奉献,不求回报,一心一意忠于毛主席"的又一典型,在当时的历史背景下,确实起到鼓舞人心,发扬共产主义道德风尚的积极作用。

在"工业学大庆"的时代背景下,位于杏林工业区北部的厦门合成氨厂应运而生。

1970年2月15日至3月21日,国务院主持召开全国计划会议,拟定了《1970年国民经济计划和第四个五年计划纲要(草案)》,提倡全国各地发展"小而全"的经济体系,要求全面下放管理权限,大力发展地方工业、重点发展直接为农业生产服务的小钢铁、小煤矿、小机械、小水泥、小化肥这"五小"工业。

厦门市革委会最初将合成氨厂选址在同安县竹坝华侨农场,后因1970年8月,同安县划归晋江地区管辖(1973年6月复归厦门),建设暂缓。而后考虑到氮肥原材料运输等因素，最后选址在杏林火车站以北，锦园村南，厦门糖厂以西这个地方，定厂名为厦门合成氨厂。

虽然当时“文革”夺权乱局和派性武斗已经结束，社会秩序趋于稳定，国民经济取得了一定进展，有着明显恢复的迹象，但是，有些人对这样的增长与实际状况缺乏清醒的认识，认定“抓革命”必定能“促生产”，误认为经济增长是“文革”的产物，预示着“一个工农业生产的新高潮正在出现”。在高度战备的环境中，主要领导认为大战在即，使得一切经济工作都是在与“帝、修、反”争时间，抢速度。合成氨厂这样的小氮肥企业就在“大力发展农业，加快农业现代化进程”期间仓促上马。

在“工业学大庆，农业学大寨，全国学习解放军”的热潮中，“上山下乡”的返城知青，停工的厦门煤矿职工，复退军人，被征地农村青年、待分配的大学生和下放到农村的干部组成建设合成氨厂的建设大军。

由于缺乏机械化施工设备，建设者们只能用“坚韧不拔、艰苦创业、崇尚科学、开拓奋进”的口号支撑信念，以“铁人”王进喜为榜样，发扬“老愚公”精神与忠诚精神，以最原始的锄头、铁锹、竹杠、扁担等工具，在杏林工业区最高处白鹤山下，肩挑手铲挖土方，苦干加巧干，整出一片适合建厂的土地。经过半年多的大会战，职工们用自己的双手搅拌泥沙，盖起了厂房。在设备安装过程中，没有起重设备，工人靠“技术革新”土法上马，用扒杆和卷扬机，将一台几十吨重的设备吊装上位。

合成氨生产的工艺复杂,高温高压,易燃易爆易中毒,技术要求较高。为了保障工厂建成后顺利开车投产,氨厂筹建处坚持“建厂先建人”原则,挑选“根红苗正”出身好的青工、复员军人和技术人员,赴永春化肥厂轮训。在此期间,一些有实际操作经验、技术过硬的职工陆续调入氨厂,为生产第一包碳酸氢铵进行前期准备工作。建厂与技术培训同时进行,有力地保证了工厂生产的技术力量。

1973 年 4 月,厦门合成氨厂正式投产,成为厦门市支农行业的重要厂家,郊区的农村大大减少了外地化肥的调入,促进了农业增产增收。

1973 年 9 月,厦门市委、市革委会决定成立市革委会杏林工业区建设委员会筹备小组,以便很好地开展“抓革命,促生产”。

杏林工业区的“学大庆”运动取得了建成合成氨厂这一伟大战果,厦门郊区农业战线“学大寨”运动更是“捷报频传”。

郊区各公社在活学活用毛泽东思想的群众运动中,结合大寨经验,普遍开展“三忆”“三比”“三查”,即忆旧社会劳动人民受压迫的苦,比新社会劳动人民有权的甜,查活学活用毛泽东思想改造世界观的效果;忆受“刘贼”“反革命修正主义路线”毒害的苦,比执行毛主席革命路线的甜,查继续革命的自觉性。通过忆苦思甜进行所谓路线斗争的教育,试图加深广大社员、贫下中农对毛泽东“三忠于”“四无限”的无产阶级感情。

在“学大寨”运动中，郊区革委会号召各公社、各农场都要狠抓阶级斗争，深入开展革命大批判，以达到“进一步巩固无产阶级专政”的目的。批斗会上，人人口诛笔伐，狠批所谓“走资派”所推行的“阶级斗争熄灭论”“三自一包”“四大自由”“以钱为纲”“重副轻农”等“黑货”。仅1970 年，全区共召开批判大会 5818 场，批斗地、富、反、坏各类“活靶子”590 人次，87 万多人次接受教育。

厦门郊区大多数生产队，特别是沿海村庄人多地少是历史遗留问题。早在 1966 年，郊区社员就在“学习大寨人向荒山要粮”的精神鼓舞下，利用高集海堤和集杏海堤建成后，堤内水位降低的优势进行大规模围垦造田，截止到 1968 年，杏林湾沿岸的孙厝、英埭头、后溪、锦园、杏林一带大约 20 平方千米的浅水滩地，在此前长期利用后溪流出的淡水浸泡，土壤已经去盐化，于是改造成为水稻田。1969 年，在“学大寨、赶昔阳”的热潮推动下，郊区革委会组织集美、杏林、灌口、海沧各公社社员“向大海要田”，继续进行以杏林湾围垦工程为重点的气壮山河的农田水利建设新高潮。在“战天斗地”过程中，虽然增加了农地面积，但是杏林湾海域缩小了近一半面积，自然生态受到了影响。

1969 年 4 月，中共九大召开后，郊区革委会指示各公社发扬“大寨精神”，“以粮为纲”，提出“既要保证市区蔬菜供应，又要实现粮食自给”的战斗口号，从 1969 年冬到1970年春，全区社员、贫下中农日夜奋战，把菜地移上山坡，腾出良田种植粮食作物，各个生产队竞相开荒造田和平整农地。后溪公社兑山大队“树雄心、鼓干劲”，向18个山头宣战，炸山填坑，平整出210亩农田，被评为郊区的先进单位。

为了突出“以粮为纲”，1970年6月，集美镇所管辖的农场、蔬菜场和水产养殖场分别改为第一、第二、第三3个生产大队。

在“一打三反”运动中，集美公社狠批“同姓一家人”的所谓“封建宗族”思想，猛揭“阶级斗争”盖子，处理了117起各种案件，在极左思潮影响下，公社横扫封、资、修“污泥浊水”，甚至提出“不赛龙舟赛革命，敢叫舟池献宝粮”的战斗口号，从操场、龙舟池等地开垦出315亩水田用来种植水稻。“文革”期间，不仅集美传统的龙舟赛事被迫取消，而且所有农村的传统民俗活动均被扣上“封建迷信”的帽子，被坚决予以取缔。

郊区革委会认为杏林公社锦园大队“阶级斗争比较尖锐复杂，资本主义倾向比较严重，农业发展缓慢”。郊区革委会党的核心小组调整了锦园大队党支部，要求新的领导班子“带头活学活用毛泽东思想；带头向阶级敌人进攻；带头斗私批修；带头参加集体劳动；带头抓点带面”。在党支部的带动下，锦园大队社员的精神面貌大为改变，他们向“大寨人”学习，掀起开山造田，平整农田、“备战夺粮”新高潮，1970年比1969年增产粮食61万斤。

在整个“文革”时期，厦门郊区在大搞水利建设中，与土地改造、扩大农地紧密结合，共平整土地 50000 多亩，改造低产田 43000 多亩，开荒、围垦海滩纯增加耕地 12500 亩。原来许多水土不保，产量很低的山坡地、盐碱地、沙窝地、烂泥田得到了改造，初步建成了旱涝保收田 12 万亩。由于强调“以粮为纲”，各地农村的海洋捕捞和海水养殖产业大大萎缩，许多农村的副业生产被迫取缔，农村社员的收入并未显著提高。

在“学大寨、赶昔阳”的过程中，郊区革委会对条件成熟的 12 个生产大队实行大队一级核算单位，同时，普遍推广了一心为公劳动，自报公议工分的大寨式评工记分制度。先评定“标兵分”，社员看标兵，比自己，自报公议，后来演变成死分死记，只记出勤日，同工不同酬，挫伤了许多社员的生产积极性。

中共中央曾经在 1956 年 1 月提出《1956 年到 1967 年全国农业发展纲要》，要求黄河以南长江以北地区的粮食产量每亩要达到 500 斤，长江以南地区的粮食亩产要达到 800 斤，据此当亩产达到了 500 斤就是过了黄河的“纲要”，达到 800 斤就是跨过了长江的“纲要”。“跨纲要”成为当时农业战线最重要的奋斗目标。

福建属于长江以南，自然亩产必须达到 800 斤才算跨了“纲要”。为了达到这一目标，郊区深入开展“农业学大寨”和“备战夺粮”群众运动，试图通过向“大寨人”学习，坚持“政治挂帅，思想领先的原则”，激励广大社员和农场职工为实现“跨纲要”,投入各项农业生产集体劳动。

郊区还经常发动机关干部、行政人员到基层农村参加农业劳动。号召中小学生参加符合他们年龄的拾粪积肥、割猪草等农业辅助劳动。在“抢收抢种”的农忙季节,杏林工业区也会抽调部分工人到公社去支援农业。

“文革”中后期,郊区革委会推行大寨大队极左经验,掀起所谓“割资本主义尾巴”,“堵资本主义道路”的风潮,坚决取缔农村集市,严禁社员弃农经商,严打自由贸易,收回社员的自留地和开荒地,不准从事家庭副业。这种做法名为巩固“社会主义”经济阵地,实则强化了人民公社计划经济体制,损伤了农民的经济利益,导致严重的不良后果。

1975 年 9 月至 10 月全国农业学大寨会议召开后,“四人帮”推行极左路线,认为农村搞副业生产违背了农业学大寨的“以粮为纲”,指责社队企业是资本主义的老窝,是资产阶级法权的滋生地,是“以钱为纲”的典型,冲击了计划经济,“挖了社会主义的墙角”。在极左路线严重干扰破坏下,1975 年底至 1976 年初,郊区的社队企业遭到冲击,纷纷歇业停产。

“文革”一开始,集美学校停止招生。1969 年 1 月,集美学校革命委员会改由厦门市革命委员会教育组领导,集美中学和集美小学重新恢复招生。1973 年 3 月,厦门市恢复教育局后,先后指派王毅林、刘惠生为集美中学负责人。

“文革”前期，集美学村除了中小学之外，其余学校如幼儿园、集美侨校、集美航海学校、集美水产学校、集美水产专科学校、福建财经学校等，均于 1969 年底后陆续停办或解散。集美校委会完全瘫痪，科学馆、图书馆、体育馆、福南大礼堂、医院、印刷厂等建筑，先后被划归别的单位使用。

“文革”中后期，集美学村出现转机。1970 年，集美航海学校并入厦门大学海洋系，成立航海专业组，1973 年，厦大航海系改办为集美航海学校，在集美学村复办。1972 年 11 月，上海水产学院迁至集美，改称厦门水产学院。财经、轻工、水产等学校陆续在集美学村复办，还新办了体育学校。集美学校委员会也于 1975 年开始运转工作。

第 三 节
浩劫结束万众欢腾 春寒料峭拨乱反正

1971年9月,时任中共中央副主席林彪外逃叛国、途中机毁人亡的“九一三”事件的发生,客观上宣告了“文化大革命”在理论上和实践上的破产。

“九一三”事件后,国务院总理周恩来在毛泽东的支持下主持党中央日常工作。他竭力排除江青等人的干扰和破坏,抓住时机适时地把“批林整风”运动引导到批判极左思潮、纠正“左”的错误上来,对各项工作进行整顿。

在周恩来主持工作期间,当年被红卫兵运动冲击而停止活动多年的各地共青团组织逐渐恢复起来。1972年5月,厦门郊区召开第一届团代会,出席大会的团员代表337人,大会选举中共厦门郊区区委常委张友才为郊区团委书记,郊区革委会政工组组长周永庆为副书记。1972年5月,厦门郊区妇女联合会也恢复正常活动。

1973年3月,经毛泽东同意,邓小平复出代替患病的周恩来主持国务院工作,饱受“文革”动乱创伤的中国出现了转机。

厦门市委根据党中央和福建省委关于抓紧定案处理,落实党的政策的指示精神,认真贯彻落实党的干部政策和知识分子政策,解放了一大批在“文革”初期遭受迫害的领导干部。除了厦门市原市长李文陵已在1970年含冤病逝外,原市委第一书记袁改、第二书记汪大铭都重新恢复工作,大多数知识分子和各类技术干部回到了专业技术岗位上。通过落实干部政策和知识分子政策,调动了广大干部和知识分子的积极性,促进了各方面工作的开展。

早在1970年8月至10月,国务院召开北方地区农业会议,号召全国农村加速农业机械化进程,郊区革委会领会国务院肯定社队企业在农村经济中的重要地位,贯彻农业机械“大修不出县,中修不出社,小修不出队”的要求,迅速恢复了社队企业,当年全区副业收入287.37万元,占农业收入的12.6%。1975年增至783.11万元。

这一时期,郊区所属或杏林工业区所属的许多集体工业企业实行转轨和调整,一些小集体性质的工业企业升格为区办的大集体所有制,一定程度上调动了工人的积极性。

1975年1月,邓小平被毛泽东委以重任,出任中共中央副主席,不仅主持国务院工作,还主持中央日常工作。邓小平果断地采取一系列有力措施,大刀阔斧地对全国各方面的工作进行整顿,使各条战线混乱的局面迅速得到扭转。

1975年3月,同安县革委会副主任王朝阳调任厦门郊区党委书记,在他主持郊区工作期间,各公社在实施

“粮食超纲要”计划上取得了重大进展，粮食种植面积达341677亩，总产量70443.7吨，面积和总产均产都达到历史最高水平。各生产大队开始推广杂交水稻种植，不仅扩大了花生、油菜、芝麻等油料作物种植面积，而且提高了单产。灌口公社传统的粮油加工、农具修理、烧制砖瓦等副业生产也得到恢复和发展。

在王朝阳的主持下，郊区党委力排阻力，恢复一批被打倒的基层干部的职务和工作。大力倡导加强农田基本建设、水利建设和农业机械化，为落实华侨政策、恢复集美校委会运作做了大量工作。

随着邓小平主持的全面整顿，特别是整顿的深入，势必触及“文化大革命”的“左”倾错误和政策，并逐渐发展到对“文化大革命”的“左”倾错误和政策进行系统的纠正。这种发展趋势遭到了江青反革命集团，即“四人帮”的猖狂反对。从1976年初开始，“反击右倾翻案风”的恶浪迅速向全国蔓延，各地对邓小平的重新批判从不点名到点名逐步升级。

1976年2月15日，在厦门市委组织下，露天召开近14万人冒雨参加的全市群众大会。大会除了传达中央有关“回击右倾翻案风”文件外，还安排12人做了批判发言。

这场突如其来的运动尽管声势浩大，但只是十年“文革”浩劫的“回光返照”。

1976年清明节前夕，北京天安门广场出现了悼念周恩来总理，反对“四人帮”祸国殃民，支持邓小平的“四五运动”，这是一场群众性的抗议运动。这些革命群众以大无畏的精神，写出成千上万首革命诗词，沉痛悼念敬爱的周总理，愤怒声讨万恶的“四人帮”。这些凝聚人们血和泪的诗歌，有的张贴在人民英雄纪念碑前，有的在天安门广场上被人朗诵。这场运动为党中央一举粉碎江青反革命集团奠定了群众基础。

“四五运动”被残酷镇压后，全国各地专政机关纷纷奉命追查所谓“天安门反动诗歌”和“反革命谣言”。郊区党委根据市委要求，成立了追查工作领导小组，收缴一些所谓“反动诗词”和“反革命谣言”，批斗一批所谓的“现行反革命分子”。在这严酷的环境下，不少集美学校的老师和学生仍然冒着种种危险，运用各种巧妙的方法，传抄并珍藏这些革命诗歌。

此后，郊区各公社各大队和杏林工业区各系统、各单位纷纷遵照上级指示，召开多场大批判会，到处开辟大批判专栏，组织社员、职工和学生人人都要参加的赞颂“文化大革命”成果的赛诗会和歌咏比赛，以实际行动“批邓、反击右倾翻案风”。

郊区前线公社高殿大队会计、共产党员陈永川出于义愤，将“周总理万岁！”“邓小平副主席万岁！”“打倒江青！”“打倒张春桥！”等标语贴在大队理发店门板上，被当场逮捕，并扣上“现行反革命分子”的帽子，被押往工厂、农村、学校、街道巡回批判多达 82 场，有 12 万多人参加了批斗会。

1976年9月9日,中国人民的伟大领袖毛泽东同志逝世,他生前指定的中共中央第一副主席、国务院总理华国锋主持中央日常工作。以江青为首的“四人帮”迫不及待地加紧了篡夺党和国家最高领导权的阴谋活动。

10月6日,以华国锋、叶剑英、李先念等为代表的中共中央政治局,执行党和人民的意志,对江青、张春桥、王洪文、姚文元反党集团及其在北京的帮派骨干实行隔离审查,一举粉碎了江青反革命集团,结束了“文化大革命”的十年动乱。

喜讯传来,厦门人民群情振奋,万众欢腾。在集美区境,无论是杏林各工厂车间,还是集美、灌口、后溪各公社,以及各个农场,到处锣鼓喧天,人们奔走相告,欢呼雀跃。

10月24日上午10时,厦门郊区党委组织了广大社员、工人、干部和学生,集美驻军组织了全体指战员,集体收听北京市百万军民在天安门广场举行的粉碎“四人帮”庆祝大会。当天下午,集美、灌口、后溪各公社召开了揭批“四人帮”反党篡权大会。随后,厦门第二农场、天马华侨农场、天马种猪场、坂头农场也组织召开了揭批“四人帮”职工大会。杏林工业区各国营工厂也同样举行声讨“四人帮”滔天罪行的职工大会。

此后,根据党中央和福建省委的部署,厦门市委把工作重点转入揭发、批判、清查“四人帮”的斗争,历史在深入揭批“四人帮”的运动中揭开崭新的一页。

但是，1977年2月7日《人民日报》、《红旗》杂志、《解放军报》社论《学好文件抓好纲》中提出了“凡是毛主席作出的决策，我们都坚决维护，凡是毛主席的指示，我们都始终不渝地遵循”。这“两个凡是”的实质是延续毛泽东晚年的“左”倾错误，对集美乃至厦门在“文革”结束之后仍然出现冤假错案具有指导性影响。

从1976年底至1977年初，厦门全面开展揭批查运动，追查与“四人帮”有关的人和事。由于此时极左路线尚未得到根本扭转，这场运动依然采用发动群众、鼓动群众揭发和专案工作相结合的方式。当时报刊登载的许多批判文章仍继续使用“文革”时期的语言，把粉碎“四人帮”说成是“无产阶级文化大革命”的伟大胜利，以致厦门在清查“四人帮”运动中还出现了严重扩大化的倾向，错伤了一些老同志和干部，影响了干部积极性。特别是将厦门市委书记、市革委会主任张维兹错误地当作与“四人帮”有牵连的领导干部加以批判，致使多位市级领导也被批判，从而导致落实干部政策迟缓，甚至倒退。

1977年8月，福建省在清查运动中，对原福建地下党组织的主要负责人和有关人员的政治历史问题，进行“四〇五”专案审查。由于这次审查是在清查“四人帮”的高潮中进行的，同清查运动交错在一起，这样就把问题混淆起来，错误打击了原福建地下党干部。在错误认定思维指导下，中共厦门地下党负责人之一，曾经担任杏林纺织厂党委书记兼厂长，时任厦门妇联主任的郑秀宝被隔离审查，第二年5月含冤去世。在解放战争期间担任中共南同边区工委书记，时任厦门郊区党委书记的王朝阳，虽然病情严重，请假在家休息治疗，但也成为这次清查运动的揭批重点对象，1977年7月7日，王朝阳在郊区机关办公室含冤离世。

直到1980年，组织上经过复查，推翻在揭批运动中对王朝阳、郑秀宝，还有其他受冤同志的不实之词，对他们予以彻底平反昭雪。

“文革”结束后，厦门市委开始着手进行拨乱反正，开展平反冤假错案的工作。陈永川获得彻底平反，恢复名誉。集美学村也进入新的历史发展时期。根据党的落实干部政策、落实知识分子政策和平反冤假错案政策，集美学村经过大量调查研究，对冤假错案受害者逐个恢复名誉、恢复工作，其中集美中学共为92人平反并恢复名誉。

1977年11月，奚光禄担任厦门郊委书记兼郊区革委会主任，加紧贯彻厦门市委发出的《关于落实华侨房改政策的指示》，在郊区各地开展落实房改政策工作，退还了大多数华侨房屋的产权。

郊区党委向归侨、侨眷重申党和政府保护其合法权益的侨务政策，逐步清退在“文革”期间被挤占的华侨私房；在农村土改中被错误没收、征收的华侨私房也逐步甄别退还。过去因“海外关系”等原因而不被重用，甚至受到迫害的归侨和侨眷中的知识分子，也因一一落实了政策而迸发出了工作热情。1978 年 4 月,郊区侨联正式恢复活动。

在市委统战部的关注下,集美校委会对陈嘉庚先生兴办的部分设施进行整理和维修,动用了陈嘉庚生前的部分自筹经费,修建了集美大社通往集美解放纪念碑的道路,对“文革”期间遭到破坏的鳌园石雕进行修缮。

1977 年 4 月至 5 月,国务院召开“工业学大庆”会议,要求“社队企业要有一个大发展”,并采取税收优惠、财政支持、纳入国家计划等措施。从国务院到地方都成立了社队企业的专门管理机构。厦门郊区也于 1978 年设立社队企业管理局,加强了对社队企业的领导。郊区的社队企业步入大发展时期,1979 年企业总收入1869.54万元。

集美学村在拨乱反正期间,各校教学秩序基本恢复正常。1978 年 7 月,集美华侨补习学校恢复办学,集美航海学校改办为航海专科学校,集美体育学校改办为体育学院。

1978 年 11 月,中共厦门市郊区第二次代表大会在集美召开,王望在大会上做了题为《高举毛泽东伟大旗帜,建设现代化大寨区》的工作报告,会议推选王望担任郊区党委书记,林剑聪、林秉忠担任郊区党委副书记。

1978 年 12 月 18 日至 22 日,中共十一届三中全会在北京胜利召开。全会做出了把全党工作的着重点转移到社会主义现代化建设上来的伟大决策。全会果断停止

“以阶级斗争为纲”的极左口号,否定了“两个凡是”的错误方针,重新确立了马克思主义的思想路线、政治路线和组织路线。十一届三中全会是新中国成立以来中国共产党历史上具有深远意义的伟大转折,开创了中国社会主义事业发展的新时期。

从此,不仅是集美,不仅是厦门,而是整个神州大地都迎来了改革开放的春天,踏上了中华民族伟大复兴的新征程。

附录　人物简介

1.省市级领导(按姓氏笔画为序)

王允晓(1929—2002)

山东省荣成市俚岛镇人。1944 年 1 月参加工作，1945 年 4 月加入中国共产党。历任小学教员，胶东解放区东海行政专署秘书处文书，威海市人民政府秘书处文书、人事干事等职。1948 年 11 月随军南下，历任苏南区松江专署人事科科员，苏南地区南下大队组织干事。1949 年 10 月起，历任厦门市委组织部秘书、组织科科长、干部科科长，厦门市政府人事局局长兼任市政府直属机关党总支书记，厦门市委委员、文教部长。

1959 年 8 月，任中共厦门市杏林工业区工委副书记，1960 年 8 月任书记；1964 年 4 月任厦门郊区工作委员会书记。1968 年 10 月，任厦门市党的核心小组成员，厦门市革委会副主任。1973 年 3 月，任厦门市委常委。1980 年 4 月，任厦门市委秘书长兼市委宣传部部长。1982 年，任厦门市政协副主席，党组副书记。1993 年离休,2002 年 6 月 8 日逝世。

王毅林(1922—2017)

南安县仑苍镇人,1938 年就读内迁南安诗山的集美学校,1941 年 10 月读高中时加入中国共产党,担任过集美高中党支部书记。1944 年,到永安县东南出版社担任职员,积极向当地的政界、教育界和内迁闽北的暨南大学、内迁闽西的厦门大学等高校进行抗日救亡宣传教育工作,通过函购渠道,寄发东南出版社出版的名家书籍和《国际时事研究》周刊,把抗日火种传播到省内外。1947 年 2 月,王毅林担任福建省委城工部厦漳泉工委书记;1948 年 5 月,任中共福建省委城工部厦门市委书记兼厦门大学党支部书记。

新中国成立后,王毅林先后担任厦门第一中学校长、书记,集美中学校长、书记;1975 年 5 月起历任厦门市教育局党委副书记、市政府文教办副主任;1983 年 5 月起任厦门市政协常委、秘书长;1984 年任厦门市政协副主席。1987 年 12 月离休后任集美校友总会理事会会长。2017 年 6 月 26 日逝世。

向　真(1922—2003)

原名杨钟筠,江苏省兴化县人。1941 年 7 月参加革命工作,同年 10 月加入中国共产党。先后在苏北行政委员会警卫团,新四军苏中军区海防纵队,苏中野战军第

七、第十一纵队等部队工作，历任文化教员、政治指导员、教导员等职。参加苏中战役、淮海战役、渡江战役、上海战役、福州战役、漳厦战役等战役。

1949 年 10 月奉命转业在厦门市工作，历任市新青团组织科科长、市政府企业管理处处长、市工业局局长、市委工交部部长、副市长兼工交办主任、杏林工委书记、市建委主任、市委常委、市革委会副主任。“文革”期间虽受冲击，但始终坚定党的信念，始终保持高尚乐观的人格情操。改革开放后，担任厦门市委副书记、副市长兼厦门经济特区管委会副主任等职，以更加饱满的热情投入工作中，是厦门经济特区建设的领导者之一。

离休后担任厦门市关工委执行主任、厦门市新四军历史研究会会长、福建省老体协副主席、厦门市老体协主席等职。积极参与老龄事业、青少年思想教育、筹建厦门市外来员工子弟学校等社会工作。2003 年 10 月 23 日逝世。

李文陵(1916—1970)

福建省泉州市人，1935 年到新加坡谋生，参加进步的华侨救国联合会、工人救国会和星洲总工会等群众团体，积极从事工人运动。1937 年底参加“南洋中华民族解放先锋队”。1939 年被英国殖民当局逮捕入狱，第二年被驱逐回中国。他先到香港与中共党组织取得联系，并被上海党组织护送到新四军苏中抗日根据地，同年加入中国共产党。任泰东区委书记，在长江北岸从事根据地的政权建设和武装斗争。解放战争期间随军南下。

厦门解放后，历任市侨务局局长、市委统战部部长，1956年12月，当选为厦门市市长，刚一上任，就组织力量建造坂头水库。在任期间，全面落实党的政策，积极推动厦门经济发展，亲自参与策划、创建杏林工业区。主持创建集美天马华侨农场、同安竹坝华侨农场，安置一大批归国难侨和待业归侨。

1967年1月，被造反派非法夺权，多次被残酷批斗，身心遭受极大伤害，1970年含冤病逝。

汪大铭(1919—1993)

上海市宝山区人。1935年12月参加革命，1938年12月加入中国共产党。历任新四军民运干事、民运科负责人兼中共繁昌县委组织部部长，句北县委书记，江句中心县委组织部部长、书记，苏南特委代书记，茅山地委副书记、书记兼新四军茅山保安司令部政委，浙东区党委组织部部长，新四军第一纵队政治部组织部部长、政治部副主任，华北野战军团政委、师政治部主任、第九兵团政治部组织部部长。被选为华东军区、第三野战军第一届英模代表。

新中国成立后，历任中国人民志愿军司令部派赴朝鲜人民军第三军团联络组组长，志愿军二十军六十师政委，中国人民解放军华东军区政治部干部部副部长，二十八军政治部主任兼党委副书记。荣获朝鲜民主主义人民共和国自由二级勋章。

1961年初转地方工作后，历任中共福建省委财贸部副部长、组织部副部长、厦门市委第二书记。“文革”初期受冲击，被隔离审查。1973年恢复工作，历任福建省五七干校党的核心小组副组长，华侨大学党组书记、副校长，省委党史工作委员会副主任，省委顾问委员会委员等职。1993年3月16日在福州逝世。

张其华(1926—)

福建省惠安县人，又名李映华，抗日战争胜利后就读于集美中学和集美水产航海学校，1946年5月1日加入中共地下党组织。毕业后从事党的地下工作，曾任安溪县工委书记。1950年开始，任陈嘉庚先生秘书兼任集美学校委员会副主任。1961年以后，历任中共厦门市委统战部部长、市政协副主席、副市长；1981年以后，历任厦门经济特区副主任，香港集友银行常务董事、香港华闽有限公司副董事长。1988年被派往香港任兴厦公司董事长。1993年任香港厦门联谊总会驻会副理事长。1961年起任福建省政协第二至第七届委员。他晚年将过去对陈嘉庚访问行程的详细记录，修改成《陈嘉庚访问全国各地的游记稿》。

张维兹(1916—2012)

山东省海阳县人。1935 年 12 月参加“一二·九”运动,1938 年 11 月加入中国共产党。1941 年 1 月任中共海阳县委代理书记;1941 年 6 月,任海阳抗日民主政府县长;抗日战争胜利后,任石岛市(现划归荣成市)市长,代理市委书记;1949 年初任威海卫市市长。1949 年 4 月南下,任苏州专区副专员。

1940 年 10 月,任中共厦门市委常委、厦门市副市长兼市委财贸部部长。1952 年任厦门市市长。1953 年 6 月兼任厦门海堤工程指挥部总指挥。1955 年任中共厦门市委书记兼厦门市政协主席。1958 年起,任福建省工交部副部长兼三明建设委员会主任,福建省重工业厅厅长、中共三明市委第一书记。1972 年任中共龙岩地委副书记。1973 年重新调回厦门,任中共厦门市委书记、厦门市革委会主任。1977 年任福建省计委副主任;1982 年任福建省计委顾问兼湄洲湾规划领导小组顾问。1985 年 7 月至 1990 年 10 月任中共福建省顾问委员会常委。2012 年 8 月 18 日在福州逝世。

陈德润(1916—1988)

原籍灌口镇陈井村,出生于缅甸仰光。抗日战争爆发后,参加缅华文艺界抗日救亡联合会。1942 年日军占领缅甸,他返回家乡,经营归侨合作社(后改为华侨垦业公司)。1946 年在厦门开设永德行,经营进出口业务。

新中国成立初期，厦门遭受封锁，陈德润通过熟悉的商业渠道引进橡胶等紧缺物资。厦门创办经济特区后，他历任厦门国际贸易信托公司副总经理，厦门市工商联副主委，厦门市人大常委会委员，厦门市侨联副主席，福建省工商联常委，第六届、第七届全国人大代表，全国工商联执委，全国侨联执委。

袁　改(1922—1987)

陕西省华县人。1938 年 7 月参加革命工作并在陕北公学学习，1939 年 3 月加入中国共产党，曾任八路军 699 团青年干事、连政治指导员，区长、区委书记，县委副书记、书记，为巩固和发展革命根据地和夺取抗日战争、解放战争的胜利做出贡献。

1949 年 10 月，历任厦门市总工会副主席、主席，中共厦门市委组织部部长、市委副书记、市委第一书记，在任期间，多次到集美开展调研和指导工作，致力于厦门的城市建设和人民生活的改善。在“文革”期间，虽受到残酷的迫害，仍坚持原则，表现了共产党员的坚强党性。1973 年重新担任领导职务，历任福州市革命委员会副主任、主任，中共福州市委副书记、书记；中共福建省委常委、统战部部长，省政法委书记，省政协副主席、主席、党组书记。先后被选为中共十大代表、第五届全国政协委员、福建省第五届人大代表。1987 年 9 月 10 日逝世。

萧　枫(1917—1991)

即肖枫,原名萧田湖,曾用名萧师颖,福建省安溪县人,印尼归侨。1929年回国到集美求学,先后就读集美小学、集美水产航海学校。1936年在上海参加革命,以暨南大学学生、上海暨光中学教务主任等掩护身份从事党的地下工作。1938年2月,到延安抗日军政大学学习,同年10月加入中国共产党。先后在八路军、新四军工作。解放战争时期,任三野十兵团二十九军八十五师团政治部主任。

厦门解放后,萧枫任厦门大学首任军事代表,组建厦大党支部,后任中共厦门市委书记处书记兼中共厦门市委统战部副部长、宣传部部长。1951年底至1952年,领导集美乡的"三反"运动。1956年10月任厦门市政协副主席;1959年5月,被陈嘉庚聘任为华侨博物院行政委员会副主任;后调任福建省教育厅副厅长兼省高教局局长。"文革"期间受冲击,曾任华安水库建设指挥部副总指挥。"文革"结束后任中共厦门市委副书记、书记,兼市政协副主席,建港指挥部主任、厦门鹭江职业大学(现厦门理工学院)校长兼党委书记。1991年8月21日在厦门逝世。

2.区县级领导(按姓氏笔画为序)

王水泊(1931—2017)

后溪镇珩山村人。1946 年从后溪岙上的集美小学毕业后,被保送到集美初中学习,1949 年初加入中国共产党,为集美成为红色转运站做出突出贡献,后来在集美大社发展 6 名首批党员。在解放厦门期间,他积极配合组织从事递送情报工作,到同安发动群众、组织群众迎接解放军进入厦门,协助组织接送材料。

新中国成立后,王水泊在剿匪、征粮、土改中多次立功。1959 年,担任同安县副县长;1964 年,调任汀溪水库管委会主任,在灌溉区域率先推行农改田、实行水旱轮作耕作制度改革,使当地早稻、地瓜、花生的单产和品质跃居全省前列,被国家水利部门评为先进红旗单位,其业绩和经验被北京农展馆连续展出三年。70 年代担任天马华侨农场党委书记。1989 年从集美区人大常委会副主任的领导岗位上离休。他晚年将自己生活中摘录的资料,编成 9 本《生活之友》,印刷后赠送给干部和群众。2017 年 1 月 2 日逝世。

王朝阳(1917—1977)

安溪县城厢镇人。1946 年 9 月加入中国共产党,在中共闽浙赣(闽中)工委领导下,任安溪坪殊临时党支部副书记、书记，积极开展地下党活动，建立地下交通站。1947年9月，任中共南同边区区委委员、工委书记。

新中国成立后，任中共泉州地委金门工作队队长。1950年4月，先后任安溪县农会主席、副县长、县长等职。1959年在所谓"反右倾和反地方主义"运动中，被错误撤职审查，至1962年甄别平反。1960年起，先后担任永春天湖山建委处长，永春县委副书记、书记等职。"文革"期间曾遭迫害，下放干校劳动。1972年6月调任同安县革委会副主任。1975年3月任厦门市郊区革委会主任、区委书记，1976年底，因病请假在家休息治疗。

1977年，由于极左路线尚未根除，王朝阳遭到不公正的清查和揭批，同年7月7日含冤去世。1980年11月，厦门市委为王朝阳同志给予平反昭雪，恢复名誉。

王照承(1921—?)

河南省林县人。1946年10月加入中国共产党，担任中共林县区委委员，1949年1月开始，随解放军长江支队南下。1950年6月起，历任海澄县第三区区长、区委书记、县合作部部长，莲花公社党委书记、港尾公社党委书记、程溪公社党委书记，海澄县检察院检察长、县委副书记。1963年8月，任龙海县监察委员会书记，1964年4月，任龙海县委书记。

1965年5月至1975年10月，任厦门郊区副书记。在任期间，历经"四清""文革"等多次运动，他带领广大社员排除干扰，积极做好农业生产，为集美社会秩序的稳定和经济发展做出贡献。1975 年 10 月，调任厦门市人民防空办公室主任，1978 年 2 月，任厦门市农业机械局局长。1985 年离休。

杨元海(1930—2005)

海澄县霞阳村(今属海沧区)人。解放战争期间，在鼓浪屿英华中学学习，同时参与中共地下党的外围组织“方生剧社”，表演进步话剧，编写民主墙报，传阅进步书刊。1949 年 6 月加入中国共产党。

新中国成立后，杨元海在厦门市委党校党训班和会计班学习。历任市机关第二总支副书记，思明区副区长、区长，市人事局副局长，市委财贸部干部科副科长，市委组织部干部科科长等职。1958 年 3 月调任厦门莲坂电厂筹建处主任。同年 10 月，任杏林电厂筹备处主任。1961 年 3 月担任厦门电业局副局长、书记，并兼任建在杏林的厦门电厂厂长。1976 年 5 月，任杏林电厂扩建工程副总指挥。1981 年任厦门电业局局长兼党委书记。1991 年 8 月任厦门华夏国际电力有限公司筹建处主任，主持海沧镇(时属集美区)嵩屿电厂建设。1995 年 12 月，嵩屿电厂 1 号发电机首次并网发电。1998 年离休。

1988 年，杨元海当选为厦门市政协常委；1989 年获省电力工业局优秀党务工作者荣誉称号；1991 年、1993 年两次被评为“福建省优秀共产党员”；2001 年获省电力系统“老年文化体育工作先进工作者”荣誉称号。2005年4月30日逝世。

何江萍(1929—)

禾山区何厝村人。1950年7月加入新青团,并担任何厝村村长。1952年9月,加入中国共产党,参加禾山区农会检查组。1953年1月,任前埔村代理农会主任。1953年4月,任何厝乡支部书记兼农会主任。1955年11月,任禾山区委生产合作队副组长。1956年8月,任禾山区副区长。1957年4月,任何厝乡党总支书记。在任期间适逢“八二三炮战”,为防止国民党军队炮击造成损失,他紧急组织疏散何厝、岭兜、高林、钟宅等村群众,及时转移公社财产。1959年8月,任前线公社党委书记。

1960年1月至1967年1月,任中共厦门市郊区工委副书记,带领郊区群众克服困难,纠正公社某些“左”的错误做法,使郊区经济得到恢复发展。“文革”初期被批斗,1969年起任杏林化肥厂副厂长,直至1990年退休。

辛镜洲(1922—1994)

山东省海阳县人。1942年参加青年抗日先锋队,1947年8月参军入伍,同年12月加入中国共产党,历任副班长、班长、副排长、排长、副政治指导员、营部文教主任、连政治指导员、连政治协理员。参加过淮海战役、渡江战役以及解放厦门的鼓浪屿战役，4次荣立三等功。

1958年3月，转业到福建师范大学，历任中文系组织委员、党总支书记、总务处行政科科长。1966年8月，调入厦门任华东亚热带植物研究所试验场书记；1969年，任厦门郊区交通局局长。1971年8月，任集美区灌口中学党支部书记兼校革委会主任；1972年8月，调任杏林中学党支部书记、校革委会主任。辛镜洲在灌口中学和杏林中学担任学校领导期间，创办学农基地，组织师生利用空余时间种菜养猪，普及农业科技知识。多次组织学生到工厂学工，到部队学军，组织学生义务劳动，增强爱国、爱社会主义情怀。1982年3月，担任集美区人大常委会副主任。1987年离休后，仍然关心集美区的教育教学工作，为学校发展出谋献策。1994年1月8日逝世。

张文忠(1920—2014)

江苏省丹阳市人。1938年参加抗日活动，1939年8月加入中国共产党。1940年2月至1946年6月，任苏南五地委山南县三区和四区区委书记、镇江县六区区委书记兼任连指导员；1946年6月至1948年8月，任侦察连副指导员、政治部联络处政治指导员、炮兵团政治处副协理员。曾参加淮海战役、渡江战役、解放上海战役，1949年9月参加解放厦门战役。

1950年7月至1951年10月，任厦门市航务局人事科科长;1951年10月至1956年4月,任厦门市劳动局副局长、局长;1956年4月至1958年9月,任厦门市财贸部副部长;1958年至9月至1961年任厦门郊区工委副书记;1961年1月至10月,任厦门市农垦工委副主任;1961年10月至1962年9月,任杏林工委副主任;1962年9月至1963年5月,任厦门市财贸部副部长;1963年5月至1972年3月,任鼓浪屿区区委书记。“文革”期间受到冲击。1972年3月至9月,任思明区革委会副主任;1972年9月至1978年6月,任厦门市农林水组组长(农委主任)。1978年6月离休。2014年2月7日逝世。

陈伟基(1933—)

厦门禾山人。1954年2月参加革命工作,同年3月加入中国共产党,担任禾山区宣传科副科长。1957年,任厦门郊区工委秘书;1858年10月起,历任灌口蔬菜农场党委秘书、副场长、代理场长;1965年2月起,历任郊区办事处秘书、办公室主任;1968年9月任郊区革命委员会办事组副组长;1970年3月起,任后溪公社革委会主任、党委副书记,前线公社党委书记、革委会副主任;1975年5月,任郊区党委常委、郊区党委副书记。1977年10月,任厦门市农业局副局长、党委书记;1980年4月起,任同安县委副书记;1983年12月,任厦门市农委副主任,党组成员。

陈顺言(1924—2005)

集美大社人,1948 年从集美商校毕业。1949 年 6 月加入中国共产党,任中共集美学校工委集美码头交通站负责人。8 月,国民党军队败逃厦门、金门诸岛,军统特务毛森在厦门搜捕中共地下党员。厦门工委分三批将党员转移出岛,陈顺言在集美码头接送数十位革命同志至同安县新三区游击区。9 月 18 日,他受地下党组织委派,潜入厦门岛,取回国民党军队厦门布防图、电报密码和用于作战的 6 只手表。然后,他化装侦查国民党守军固守集美的军事设施,绘制成敌军布防图,为人民解放军解放集美和厦门岛做出贡献。

新中国成立后,陈顺言被安排到同安县财粮科工作,1953 年 11 月任集美镇首任镇长,1957 年 2 月任厦门市郊区工委副书记。1961 年 8 月,因有“严重的右倾问题”被下放到厦门第一农场劳动。1981 年 12 月,中共厦门市郊区委员会撤销其“严重的右倾问题”,予以平反,恢复名誉。1986 年 11 月离休,2005 年 12 月 29 日逝世。

陈新智(1931—2015)

安溪县官桥镇仁峰村人。1949 年参加革命工作,同年加入中国共产党。1955 年担任海澄县副县长。1958 年,参与领导杏林工业区建设,历任杏林人民公社党委书记、杏林工业区建委副主任。1965 年任厦门糖厂副厂长。1968 年底,以厦门糖厂工宣队队长身份担任集美学校革委会主任,在任期间,注重教育与实践相结合。1969年,任厦门瓷厂厂长、党委书记;1972年后,任厦门糖厂厂长、党委书记;1987年,任杏林区人大常委会主任。1992年离休,2015年1月逝世。

周冬月(1944—)

女,集美区杏林村人。1964年3月参加工作,同年加入中国共产党,先后在杏林工委、杏林公社任职。1971年至1973年在厦门大学教育系学习。毕业后,先后在厦门卫生学校、厦门第一医院任职。1975年5月起,任中共厦门郊区党委常委,共青团郊区委员会书记。1982年12月起,先后担任中共郊区党委常委兼宣传部部长、集美区副区长兼集美校委会副主任。1990年12月,任中共集美区委常委兼组织部部长。1994年1月,任集美区政协主席,党组书记。2004年10月退休后,担任集美区"五老"志愿者工作委员会主任、集美区关工委常务副主任。她深入基层宣传党的政策和嘉庚精神,积极做好捐资助学,关爱弱势群体等公益事业。

郑秀宝(1924—1978)

女,出生于晋江菲律宾华侨家庭,1938年参加学校组织的抗日宣传演出。1940年秋,在晋江安海参加抗日救亡宣传活动。1945年1月,加入中国共产党。1946年春,与未婚夫施能鹤在厦门禾山开办一所小学。不久两人正式结婚，以教师身份为掩护，在禾山乡村建立了十几个党组织。1947 年 4 月，调至中共闽中地委机关从事机要工作，8 月，任中共厦门工委组织委员。1948 年，任厦门工委代理书记、书记。在此期间，担任厦门大学支部、集美工委、侨师支部领导工作，还担任中共泉州中心县委与海澄漳州工委及其他地区党组织的联系人。

厦门解放后，在中共厦门市委组织部干部科工作。1950 年初转任厦门市妇联筹委会副主任兼组织部部长、市妇联主任、中共厦门市委妇委书记。1958 年，调任中共杏林纺织厂党委书记兼厂长，随后转任厦门市中医院副院长。1963 年，回任厦门市妇联主任。“文革”期间被长期隔离审查。1978 年 5 月含冤去世。1981 年，中共厦门市委为郑秀宝平反昭雪。

郑德发(1930—)

厦门鼓浪屿人。1952 年 10 月参加工作，1955 年 5 月加入中国共产党。1956 年 4 月，任厦门市人民检察院检察员；1961 年，任杏林工业区检察院副检察长。1977 年起，任厦门纺织厂党委副书记、书记，在任期间，纺织厂走上正轨，成为全市上缴税利大户。1983 年，任中共杏林区委书记，在任期间成立了杏林建发公司，撤除了杏林工业区燃煤锅炉，改换电厂热气供热，有效地解决了环境污染问题。1986 年，任中共厦门郊委书记及集美学校委员会主任，同年 8 月，兼任集美区大专学校党工委书记；

1987年,任中共集美区委书记,为推动特区改革发展做出贡献。1991年退休后,担任厦门市集美区老年工作委员会副主任,被评为市优秀党员。2019年12月,被中共中央组织部授予“全国离退休干部先进个人”称号。

奚光禄(1923—2010)

河北省临城县人,1943年参加抗日游击队,1944年10月加入中国共产党。解放战争期间,担任中共河北临城二区党务委员,参加解放区的土改工作。1949年随军南下。

1949年10月担任同安一区农民协会主席;1950年4月,任同安二区党务副书记,同年10月,任同安二区土改队队长兼指导员;1951年4月,任同安七区潘涂土改队队长兼指导员,同年7月任同安三区澳溪土改队队长兼指导员,同年10月任同安二区党务书记。1952年5月,任同安县工会主席。1955年10月,任同安县委工交部部长;1956年10月,任同安县委财贸部部长;1959年,任同安县委书记处书记;1964年6月,任厦门市手工业管理局局长。1977年5月,任厦门郊区党委副书记、书记兼郊区革委会主任。1985年离休,2010年1月21日逝世。

高　靖(1925—2019)

江苏省徐州市沛县人。1949年3月入伍,在华东军事政治大学学习,并担任总队学习干事。1950年7月,任厦门贸易公司第二门市部副主任;1952年7月起,历任厦门粮食公司业务课长、股长、副经理;1952年9月加入中国共产党;1956年,任厦门粮食局副局长;1958年3月,任厦门郊区行政办事处副主任兼郊委财贸部部长;1960年2月,任郊区工委副书记兼郊区行政办事处主任;1964年6月任郊区行政办事处主任;1969年7月,任厦门郊区革委会副主任;1971年7月,任郊区党委副书记;1977年12月,任厦门市水电局局长、党委书记;1981年9月,任郊区区委书记兼郊区人民武装部第一政委。1984年1月,任厦门市农委副主任;1984年5月,任厦门市直属机关党工委书记。1986年离休,2019年逝世。

曹玉崑(1920—2000)

河北省大名县人。1938年参加革命,解放战争时期曾任中共高邑县委书记。1949年,随解放军长江支队第一大队第四中队南下福建,担任解放后的首任同安县委书记,后在省农业厅、水电厅任职。1953年6月17日,担任厦门高集海堤工程指挥部副主任,在集美海堤工程现场日夜奔波,是厦门海堤建设的领导者和建设者。高集海堤竣工后,担任省水利局局长,亲临集美后溪公社苎溪流域考察,指导坂头—石兜水库的规划和建设,后任福建省闽江委员会副主任。“文革”期间下放劳动;“文革”

结束后,担任中共福建省委顾问委员会委员,省老区建设促进会常务理事。2000 年 11 月 17 日逝世。

曹守义(1914—?)

安徽省嘉山县(今明光市)人,1941 年 10 月加入中国共产党,同年 11 月参加新四军。1949 年 10 月随军到厦门工作,曾任厦门市总工会副主席、主席,厦门市人民检察院检察长。1957 年 5 月任厦门郊区工委书记,任职期间,积极推动集美地区的人民公社化运动。1963 年 4 月在社会主义教育运动中被查出犯有严重错误,受到纪律处分,调任福建省农业厅农械处副处长。"文革"期间作为郊区"走资派"代表人物被撤销所有职务,并开除党籍,下放劳动,1973 年,担任南平农械厂副厂长。

3.其他杰出人物(按姓氏笔画为序)

尹一民(1924—2004)

江苏省泗阳县人。1945 年 2 月加入中国共产党。1944 年至 1945 年,在淮海区淮海行署工商管理局工作,曾获"模范工作者"称号。1946 年任淮海区新华公司会计科长,被授予"先进工作者"称号。1948 年秋,任济南军管会金融部驻山东省银行接收工作组组长。1949 年春,任连云港军管会金融组组长。1949 年 5 月参加解放上海战役,后在上海军管会金融部任"全国省银行上海联合通汇处"接收组组长。1949 年秋,随军进入大西南,任西南服务团第三支队第三大队第七中队中队长、人民银行川东区分行出纳科科长兼人事科科长。

1950 年夏,调任人民银行重庆分行监察科长、重庆市民权路办事处主任。1951 年至 1954 年,在北京中国人民大学财政金融系学习。1954 年在中国人民银行总行工业信贷局任第一科科长。1958 年调厦门大学任经济系副主任、华侨函授部主任。1973 年 9 月调集美航海学校任领导小组组长、党委副书记。1980 年 8 月任集美航海专科学校党委副书记。1983 年 12 月离休,2004 年 4 月逝世。

叶中央(1937—2003)

杏林前场瑶山社人。1955 年,参加坂头水库建设施工,任民工中队队长。有一次遇到山洪暴发,水库出现险情,他与其他人一起跳入滚滚急流,筑起人墙,排除了险情。1956 年,加入中国共产党,1958 年参军入伍。1960 年夏,强台风袭击厦门,叶中央时任何厝边防哨所班长,在执行巡逻任务时发现一株大树倾倒在民房上,屋里传出哭声,立刻冲进房屋,救出 3 位孩童,之后房屋瞬间倒塌,孩童安然无恙。

1963 年 4 月 25 日凌晨,叶中央获悉国民党特务袭扰前埔村,立即组织民兵分 3 路搜索,自己带领 2 名民兵直扑敌特可能潜伏的地点。在搜索中,敌人暗中射击,2

名民兵中弹负伤倒下。叶中央当即击毙1名特务后,被五六名匪徒包围并挟持。他奋力挣脱,与敌搏斗。击倒、击毙匪徒各1人,自己头部、手腕、大腿也多处受伤。其余匪徒慑于叶中央的凛然气势,担心民兵赶来增援,便迅速逃离。叶中央和另外2名受伤的民兵被闻声前来增援的民兵送到医院治疗。同年5月,福州军区、公安部队在福州召开庆功授奖大会,为叶中央记一等功,授予少尉军衔,并向全省部队发出“向叶中央同志学习”的号召。

1966年8月,在连队组织的手榴弹投掷考核中,叶中央发现一名新兵将拉开弦的手榴弹滑落脚下时不知所措,他当机立断,抓出即将爆炸的手榴弹滚离现场,结果双手被炸成重伤,造成终身残疾。此后历任副连长、副营长、武装部军事科长等职。1982年因病退伍,2003年7月逝世。

叶振汉(1920—1984)

安溪县参内乡人,著名的归侨教育家。先后就读于集美高级师范学校、广西大学文史地学院。在广西大学求学时,就在中共地下组织的领导下,以校学生会主席的身份,积极组织学生参加抗日救亡活动。1941年大学毕业后,到内迁大田、安溪的集美商业学校、集美农林学校、集美初中担任文史教员。1943年,到广西柳州协助担任集美实业公司经理的叔父叶渊,为集美学校筹集经费。1947年4月在厦门参加中国共产党,曾担任中共闽中厦门工委负责人,1947 年 9 月,因身份暴露,转移香港,在中共闽浙赣泉州中心县委驻港支部从事统战工作,1949 年 10 月返回福建。

新中国成立后,先后任惠安一中、福州二中、福州一中、福州师范学校校长。1953 年经陈嘉庚先生提名调任集美中学校长、书记。在集美中学工作期间,认真执行陈嘉庚办学的方针,深受陈嘉庚的赞扬。“文革”期间遭到迫害,1972 年恢复工作,任职于厦门五中、六中。1975 年奉调担任集美航海学校党委副书记,集美航海专科学校校长、党委书记。他不负众望,努力工作,为我国航海教育事业做出了积极的贡献。他还担任集美学校侨联会名誉主席,集美学校校友总会理事长等职。1984 年 6 月 25 日在集美病逝。

汤懋椿(1926—2018)

福建省长汀县人。1945 年考入位于漳平的侨民师范学校,抗战胜利后,随着侨师迁入厦门曾厝垵继续就学。1948 年 7 月侨师毕业后,任教于粤侨小学(今文安小学)。1949 年 5 月加入中国共产党,同年 8 月,参加闽中游击队泉州团队服务团工作。

厦门解放后,先后就职于厦门军管会文教部、厦门市教育局,参加接管厦门各所小学的工作。1955 年 11 月,任市图书馆副馆长。1956 年 4 月,受中共厦门市委指派,担任灌口中学首任校长,1958 年 9 月,担任灌口中学首任党支部书记。1961 年 7 月,调任双十中学教务处主任、政治处主任。“文革”期间遭受极左路线残酷迫害。1975 年 9 月,被任命为集美中学革委会副主任兼杏林分校筹备小组组长。1978 年 1 月,分校从集美中学剥离,改建为厦门十中,汤懋椿为实际负责人。1980 年 3 月,担任厦门十中首任校长。1983 年 11 月,调任厦门十一中党支部书记,参与学校初创时期的建设,至 1986 年 10 月离休。同年被授予“厦门市教育系统优秀共产党员”称号。

离休后,他参与编辑《中共福建省厦门市组织史资料》工作,2018 年 1 月 9 日逝世。

杨新容(1907—1982)

原名杨欣荣,海澄县白水镇金鳌村人。1923 年考入集美学校师范部。1925 年,在集美学校读书期间加入福建青年协进社。1927 年 1 月加入中国共产党,被党组织送入“漳州农工运动讲习所”学习。同年 12 月到鼓浪屿光华小学任教,并担任中共鼓浪屿支部的宣传委员。1928 年到上海深造,任中共闸北区委宣传联络员。1933 年,到海沧担任沧江小学校长,在此期间,他参与领导“反帝大同盟”的革命活动。

1934 年,因党组织遭破坏,杨新容不得不南渡印尼。他在印尼配合当地华侨成立“捐助祖国慈善事业委员会”,在“南侨总会”的统一领导下,开展支援祖国抗日的各种募捐和宣传活动。1939 年，与党组织恢复联系后，积极贯彻党的抗日民族统一战线政策。1942 年春，日寇占领印尼后，他转入地下工作，参与组织爪哇共产党华侨支部，并担任支部书记。

新中国成立后，杨新容被推举为雅加达华侨团结促进会主席。1953 年，他根据组织决定返回祖国，参与北京归国华侨学生中等补习学校的创建，先后任该校教导主任、副校长和党组书记。1956 年 5 月，调回集美，任集美归国华侨中等补习学校校长兼党支部书记；后任厦门市政协常委，厦门市侨联副主席。1982 年 1 月 22 日逝世。

陈水成(1892—1963)

灌口镇三社村人，早年随父赴缅甸经商，青年时代继承父业，在仰光开设顺和号土产行、碾米厂兼批发米商，并代理信汇业务，兼营水上运输。1930 年，被推选为缅甸华侨总会副会长，是年汇款回家创办莲山小学校，后改名三社初级小学。抗战爆发后，陈水成与胞弟陈占梅积极组织缅甸华侨成立抗日救国总会，团结华侨力量，大力募捐款物。

1942 年初，日军侵犯缅甸，陈水成兄弟举家从缅甸开一辆汽车从腊戍进入云南，经重庆、江西来到福建。抗战胜利后，陈占梅返回缅甸，经营家族企业，陈水成长住故乡，关心地方公益事业，发动当地华侨集资筹建了灌口中学。

1952年起,陈水成历任同安县人民政府委员,同安县人民委员会委员,同安县政协常委、副主席,厦门市侨联常委、副主席。1963年12月逝世。

陈村牧(1907—1996)

金门县后浦镇人。1920年考入集美中学。1931年厦门大学毕业后,受聘回母校任集美高中、高师教员。1934年春任集美中学校长;1937年被聘任为集美学校校董会董事长。抗战期间,陈村牧克服重重困难,组织学生参加各种抗日团体,组织集美各校内迁山区。抗战胜利后,主持集美学村校舍复建工程。集美解放后,陈村牧协助解放军完成解放厦门的支前任务。1956年4月,调任集美侨校副校长,分管后勤总务工作,被聘为集美学校委员会委员。“文革”期间,集美校委会停止活动,他遭受不公正待遇,被分配到集美中学图书馆。

1979年,政府为陈村牧落实政策,他先后担任福建省政协第四、五、六、七届常委,厦门市农工民主党名誉主委,福建省和厦门市金门同胞联合会名誉会长,集美校友总会理事长、名誉理事长,厦门大学校友总会名誉理事长,集美学校委员会顾问等职务,为促进爱国统一战线事业和祖国和平统一大业做出了积极贡献。1996年8月29日逝世。

陈振群(1932—1997)

集美大社人,先后就读于集美小学、集美初中、集美航海学校。1953 年从集美财经学校毕业后,被分配到安溪县商业部门工作,后来到集美镇任民政干事。此后历任厦门郊区区委、区政府、区委宣传部干部,郊区办公室助理秘书,集美区人大常委兼华侨工作委员会主任、集美区政协常委兼文史资料委员会主任。

1992 年退休后,受聘担任集美区地名委员会顾问、区政协文史资料委员会顾问,当选集美区海外联谊会副会长、厦门市地名学研究会副理事长、集美财经高等专科学校校友会理事、厦门市历史学会常务理事、厦门民俗学会常务理事等社会职务。1990 年开始,陈振群担任《集美文史资料》的组稿和编辑工作,专注于地方文史资料的收集、整理和考证。

赵志雄(1914—1965)

福建省闽侯县人,出生于贫苦船工家庭。新中国成立后,赵志雄成为厦门供电所电工,1953 年加入中国共产党,后被选为供电所党支部书记,担任工区主任。1958 年到杏林工业区工作。1959 年 8 月 23 日,特大台风袭击厦门,供电全部中断。赵志雄与其他同志一道抬起数百斤重的电杆,跋山涉水,抢修线路。爬杆他抢在前头,过河他第一个跳进水里,水深齐腰,他手持竹竿,一步一探,带领工人前进,在一片汪洋的洼田里重新架设线路,保证全市及时恢复供电。1959年10月,他到北京出席全国群英会。1960年8月,赵志雄带领工人架设高集海堤高压线路,遭遇台风袭击,他被狂风刮倒在地,所幸无碍。1965年11月,杏林工业区电线检修,有人从安全考虑建议停电检修,但赵志雄考虑到沿线既有工业用电,又有国防用电,一旦停电损失太大,坚持按原计划实施。他亲自指挥,亲自操作,顺利完成了检修任务,开创厦门电业界带电作业的先河。

赵志雄荣获过厦门市工业战线先进工作者称号。1965年11月6日,在作业中因电石桶爆炸以身殉职。

曾竹韶(1908—2012)

杏林街道曾营社区人,1919年随父母移居缅甸仰光。1929—1931年,先后考取杭州艺专、法国里昂国立美术专科学校和巴黎国立高等美术学院。太平洋战争爆发后回国,先后在四川省艺术专科学校、成都华西大学、成都国立艺专、重庆大学任教,讲授装饰雕塑和小提琴演奏。1950年参与筹建中国革命博物馆,后调入中央美术学院,参与人民英雄纪念碑筹建,于1956年完成《虎门销烟》浮雕,该作品成为其艺术生涯中最重要的代表作。2012年3月在北京逝世。

曾呈奎(1909—2005)

灌口镇李林村人,中国海藻学研究的奠基人、海藻化学研究开拓者。1930 年在厦门大学毕业后留校当助教；1934 年获得岭南大学理学硕士学位；1935 年到山东大学生物系任教；1938 年担任岭南大学植物学副教授兼植物标本室主任；1942 年获得美国密歇根大学研究院博士学位；1943 年至 1945 年在美国加州大学斯克利普斯海洋研究所进修海洋学，同时进行海藻研究。

1946 年底回国担任山东大学植物学教授、系主任，兼水产系主任和海洋研究所副所长。1950 年参与筹建中国科学院水生生物研究所青岛海洋生物研究室，同年加入中国民主同盟；他成功进行了紫菜的全人工栽培实验，并研制出在长江以南大面积海域培育海带的方法。1978 年至 1984 年担任中国科学院海洋研究所所长；1987 年担任中国科学院试验海洋生物学开放研究实验室主任；1980 年当选为中国科学院学部委员，同年加入中国共产党。1985 年当选第三世界科学院院士。1989 年被评为首届新时期全国侨界十大新闻人物。

1996 年 1 月，曾呈奎返乡祭祖；1997 年 4 月，给家乡李林村捐建励志牌坊；2005 年 1 月 20 日在青岛逝世。

参考文献

中共厦门市委党史研究室:《中国共产党厦门历史(1949—1978)》,中共党史出版社 2013 年版。

中共厦门市委党史学习教育领导小组办公室、中共厦门市委党史和地方志研究室编:《中国共产党厦门历史大事记(1921—2021)》,内部资料,2021 年 5 月印刷。

中共厦门市委党史研究室编:《中共厦门地方史大事记(1949—2001)》,中共党史出版社 2002 年版。

中共厦门市委党史研究室编:《中共厦门地方史专题研究(社会主义时期)》第一册,中共党史出版社 2002 年版。

中共厦门市委党史研究室编:《中共厦门地方史专题研究(社会主义时期)》第二册,中共党史出版社 2004 年版。

中共厦门市委党史研究室编;《中共厦门地方史专题研究(社会主义时期)》第三册,中共党史出版社 2005 年版。

中共厦门市委党史研究室编:《中共厦门地方史专题研究(社会主义时期)》第四册,中共党史出版社 2007

年版。

厦门市民政局编:《厦门市地名志》,福建省地图出版社 2013 年版。

《厦门简史》编委会编:《厦门简史》,社会科学文献出版社 2021 年版。

厦门市集美区政协文史资料委员会编:《集美文史资料》(第一至第十合辑),内部资料,2012 年 12 月印刷。

厦门市集美区政协研究室编:《集美文史资料》(第十一至第二十合辑),内部资料,2020 年 12 月印刷。

厦门市集美区地方志编纂委员会编:《厦门市集美区志》,中华书局 2013 年版。

郑高菽主编:《集美》,中央文献出版社 2005 年版。

厦门市集美区档案局编,李玉清主编:《杏林记忆》,河海大学出版社 2016 年版。

后 记

新中国成立后，在中国共产党的领导下，集美人民艰苦创业，奋发图强，“为有牺牲多壮志，敢教日月换新天”。各行各业都取得了巨大成就。

首先，在20世纪50年代完成了土地改革，进行一系列社会改革，消灭了封建剥削制度。紧接着，集美人民在党的正确引导下，通过农业合作化，走上了社会主义康庄大道。集美人民在公社化时期，广大社员在党的领导下平整了土地，把低洼滩涂和荒地改造成良田，人们筑路、建桥，挖沟渠、修水库、围海堰，实现了旱能灌溉、涝能排渍，旱涝保收，农业机械化粗具规模；每个生产大队都有卫生所，都有小学，灌口公社兴办了中学，杏林公社创办了农业技术学校。

其次，在总路线、“大跃进”的峥嵘岁月里，广大干部职工做出了巨大的牺牲和无私的奉献，硬是在短短三年里，将一片荒郊野岭打造成生机勃勃的杏林工业区，开启了集美区上规模的现代化工业，奠定了厦门市现代工业的基础。

还有，集美人民肩扛手提、齐心协力地筑成高集海堤、集杏海堤、马銮海堤，铸就了移山填海、团结奉献、科学创新、自强不息的“海堤精神”。

我们走的是一条社会主义道路，这是中国共产党和中国人民的一次重大尝试。新中国的前 30 年，我国的社会主义革命和社会主义建设虽然取得了辉煌成果，但也难免出现失误和不足。集美也历经了许多风风雨雨。

在 60 年代和 70 年代的“文革”非常时期，集美的党政机关克服各种干扰，致力于社会经济的发展，努力为人民谋取利益。无论是遇到自然灾害，还是人为破坏，在党的领导下，集美人民都能及时排除障碍，自力更生图发展。

这一时期，包括集美在内的厦门郊区，基本实现了农村合作医疗，普及了初中义务教育，人民基本生活得到保障。虽然从新中国成立到 1978 年 12 月中共十一届三中全会召开之前这 30 年内，在极左路线干扰下，特别强调“以阶级斗争为纲”，历次群众性运动损害了广大人民群众的生产积极性。但是，我们也要看到这 30 年，集美的工农业和教育文化事业都取得了可喜的成就，人民生活水平总体得到提升，这些成果为后来的改革开放奠定了稳定的社会基础，也为后来的厦门经济特区建设提供了宝贵的经验和借鉴。

我们应该正确地分析，实事求是地看待新中国的前 30 年历史，我们编撰《集美峥嵘记忆（1949—1978）》一书，就是要如实地将这一段历史保存下来。希望大家更好地了解历史,学习历史,从中汲取精神营养,更好地为社会主义现代化建设服务!

在中共厦门市集美区委领导下,本书的编撰工作相当顺利。区委领导同志认真审阅征求意见稿,并对书稿的观点、结构、史实、文字等方面提出许多宝贵的意见,给予编者极大的教益和帮助。在编撰和出版过程中,还得到厦门市委党史办、市委老干部局、市档案局,集美区委组织部、区委宣传部、区委老干部局、区档案局、区方志办,集美校委会等部门的领导和专家的殷切指导和大力支持。为此,谨向所有关心、支持和帮助本书编撰、出版的单位和同志致以诚挚的谢意和崇高的敬意!

本书由地方史研究学者,厦门市党史文献和地方志专家库成员,集美区政协委员、政协文史顾问杨柳同志执笔。由于主客观条件的限制,特别是原始资料不足,事件考证比较困难,书中难免存在疏漏甚至失误,恳切希望老同志、党史工作者和读者予以批评指正。

编　者

2022 年 2 月